21世纪学前教师教育系列教材
总主编　朱家雄

幼儿语言教育与活动指导

张晓梅　高　瑾　宋占美　主编

中国人民大学出版社
·北京·

本教材是以下课题的研究成果：

1. 山东省本科高校教学改革研究项目“基于‘成果导向教育’的学前教育专业人才培养方案及课程体系创新研究”（项目编号：2015Z084）

2. 教育部人文社会科学研究项目“循证取向下农村幼儿教师专业能力提升的网络干预研究”（项目编号：17YJC880025）

目 录

第一章

语言与幼儿语言

内容提要

幼儿语言具有语言的一般定义，又具有幼儿发展的一般意义。由此，对幼儿语言的认识既涉及对语言的认识，也涉及与幼儿发展、教育有关的诸多学科。

学习目标

1. 学习关于语言的定义、特征、分类和方法等知识
2. 认识幼儿语言与成人语言之间的异同

第一节　语言

语言是人类最重要的交际工具，是人们进行沟通交流的表达方式。人们借助语言保存和传递人类的文明成果。语言是人们交流思想的媒介，它必然会对政治、经济和社会、科技乃至文化本身产生影响。语言也是民族的重要特征之一。一般来说，各个民族都有自己的语言。语言这种文化现象是不断发展的，其现在的空间分布也是过去发展的结果。

一、语言与语言能力

（一）语言

按照现代语言学的观点，语言是音义结合的词汇和语法的体系。语音是语言的声音代码；词汇是基本的语义代码系统。语义包括词义，词义只能部分反映语义。由此，语言的内部结构分语音、语义两个层次；语法是一套各级语义单位的结构规则。语言的语音和语法规则是有限的，而语义是包括万象的。语义内容的丰富性和使用的广泛性，使语言成为人类最重要的思维工具和沟通工具。

（二）语言能力

语言能力是指使用语言的能力，确切地说是一种言语能力（在日常交际中，“语言”和“言语”通用），具体表现在听说读写四个方面，听说是读写的基础，它先于读写而发展，在读写能力得到发展之后，四个方面相互作用。

语言有自身的结构要素，又是人们认识和沟通的工具。个体运用语言为的是最大限度地发挥语言的效能，这就必然决定个人的语言运用能力是一种多方面的能力，大致包括如下三个方面：

一是运用语言进行社会交往的能力，关系到言语交往中社会化倾向和习惯的形成。

二是运用语言进行认识或思考的能力，主要表现为对语义的理解能力，也就是运用语言体现学习认识功能的能力。

三是分析语言的能力。它不是单纯地把语言当作使用的工具，而是把语言和语言形式作为分析观察的对象进行知觉的能力，或者称为元语言能力。元语言能力是思考和反思语言特征和功能的能力，它是一种特殊的语言能力，具体表现在对各语言层次（语音、语感、语义、语法等）和各个语言单位（字、词、句、篇、章等）所具有的特征的知觉上，带有较强的直觉性。这种能力的基础是对语言现象的兴趣和敏感性。

语言教育是促进语言能力得到全面发展的教育，既要在应用中发展一般的语言能力，又有必要经常有意无意地将语言现象抽取出来作为主要感知对象，引发幼儿对语言现象的兴趣和敏感性，促进幼儿语言能力的发展。

二、语言与幼儿身心发展

幼儿获得语言能力，是幼儿社会化历程中的一个里程碑，对幼儿身心的全面发展有极为积极的影响。主要表现在以下方面：

（一）促进行为和言语的社会化进程

幼儿获得语言能力之后，就能用语言和周围人交换信息，如表达个人的请求，接受他人的委托和劝告，叙说个人的经历等。语言交流中经常互换角色，会让幼儿有许多机会观察对方的行为、表情以及处事的方式，从而获得更多体验和感受。这种交流非常有助于幼儿克服以自我为中心的言行，使他能够主动适应他人的行为，在此基础上又逐渐形成言语自我调节能力，使自己的情感、态度、习惯、行为等与社会规范逐渐靠近。

语言交际离不开交际的动机、胆量和技能。幼儿口语能力强，容易取得交际的成功。成功感鼓舞着幼儿去争取更多的交际机会，语言能力和社会行为的发展便处在了良性循环之中。

（二）提高学习能力，促进智力发展

语言具有高度的概括性，语义内容非常丰富。幼儿吸收加工语言，与其他认知加工有共同之处：语音需要感知，词汇需要记忆，语义需要理解，语法规则需要抽象和概括。加工语言使认知能力得到锻炼。

在语言输出的加工过程中，幼儿要把意思表达得准确、完整和连贯，同时需要感知、

记忆、思维、想象过程的积极参与。

（三）学好口语，为学习书面语言打好基础

听和说，是读和写的基础，是幼儿从幼儿园顺利过渡到小学的必备条件。许多幼儿初进小学时在学习上产生困难，主要是由于对小学教师所传递的信息缺乏兴趣、没有耐心、不理解所引起的。具体来说，一方面是因为小学教师讲课不像幼儿园教师那样具体生动，另一方面是幼儿自身尚未养成力求听懂、力求记住和付诸行动的习惯和责任意识。在幼儿园阶段加强语言任务意识的培养，经常要求幼儿（尤其是大班幼儿）根据语言的指令完成任务，可以缩短入学后的适应期。

第二节 幼儿语言发展

一、0～1岁幼儿前语言发展

出生后的第一年是幼儿发声的准备阶段，这一阶段又被称为前语言阶段，是幼儿语言发展的重要时期。这一阶段幼儿语言的发展主要体现在语言感知、发音以及交际能力三个方面。这三个方面的发展为幼儿以后语言的发展打下了基础，是幼儿顺利掌握并运用语言的准备阶段。根据幼儿发音的多少和复杂程度以及与母语的接近程度，可以把前语言阶段分为三个阶段，即简单音节阶段、连续音节阶段和学话萌芽阶段。

（一）前语言感知能力的发展

对语音的感知是人们获得语言的基础。在这一阶段，正常的幼儿不但可以听到声音，还会用某种方式予以回应，积极地感知语言并帮助自己获得语言。前语言阶段幼儿感知能力的发展主要呈现以下特点：

1. 简单音节阶段幼儿前语言感知能力的发展（0～3个月）

100年前发展心理学的鼻祖普莱尔（William Thierry Preyer）提出“一切幼儿刚刚生下来时都是耳聋的”，然而，这一看法一直备受争议。幼儿有没有听辨语音的能力呢？近年来，国内外一些研究表明，幼儿早在其5～6个月胎儿期就具备了听力。幼儿很早就表现出对语音的敏感，听觉较敏锐。出生3天后，幼儿就能够辨别不同的声音。2～3个月的幼儿虽然不能发出音节分明的语言，但是能够分别语音的细微差异，对不同的声音做出不同的反应。所以，幼儿语音的感知辨别能力在0～3个月就已经形成，这一能力主要表现为两个方面。首先，幼儿学会语音与其他声音的区别。新生儿能够对不同的说话声音和敲击物体的声音做出不同的反应。其次，幼儿在这一阶段获得了分辨不同话语声音的感知能力。幼儿在出生24天后不仅可以分辨出不同性别的声音，而且可以感知母亲声音与其他妇女声音的区别，即能够分辨出不同音量、音色的声音。

2. 连续音节阶段幼儿前语言感知能力的发展（4～8个月）

对3个月的幼儿来说，这一阶段幼儿感知分辨语音的能力增强了，能辨别语调、语气和音色的变化。研究发现，这一阶段的幼儿对区别语义的字词并不感兴趣，但却十分注意他人说话时的语调，从不同语调中感知来自交往对象的情感和态度。4个月的幼儿不仅能够感知成人愉悦、冷淡、愤怒三种不同的语调，并能够以愉悦和冷淡的态度对前两种语调做出反应。这些都表明幼儿感知能力在增强，语言理解水平在提高。

3. 学话萌芽阶段幼儿前语言感知能力的发展（9～12 个月）

相关调查研究发现，幼儿在 9 个月大的时候感知语言的能力进一步增强，开始真正理解成人的语言。这一阶段幼儿虽然还不会说话，但是能够听懂成人一些简单的语言，并利用肢体动作来回应成人的话语。比如，成人问“爸爸在哪里”，幼儿会用手指着爸爸；看到有人离开时，妈妈对幼儿说“跟叔叔再见”，幼儿会挥挥手。这些都表明幼儿已经可以理解成人的简单话语。

（二）前语言发音能力的发展

在前语言阶段，除了大量的语言感知经验外，幼儿还在不断地发展本民族语音的发音能力，这是幼儿语言学习的一个重要方面，也是在为以后人际交往做准备。

1. 简单音节阶段幼儿前语言发音能力的发展（0～3 个月）

这一阶段幼儿能够发出一些简单的音节，且多为单音节。幼儿刚出生的时候，就会发出声音。新生儿因呼吸而发声，哭是幼儿最初的发声。两个月的时候，幼儿开始发出一些不同于哭叫的声音。在他们刚刚睡醒的时候，会发出很愉快的、自言自语的声音。这种声音只有在安静或是满足时才出现。两个月以后，幼儿不哭时也开始发音，当成人引逗时，发音现象更明显。

2. 连续音节阶段幼儿前语言发音能力的发展（4～8 个月）

4 个月后，幼儿发音开始发生明显的变化，经常会发出连续的音节。这一阶段，幼儿明显变得活跃起来。当他处于舒适的状态，比如吃饱、睡醒时，常常会自言自语。在自然发出的声音中，韵母逐渐增多，声母和韵母结合的音节也开始出现，幼儿会连续重复同一音节，如 ba-ba-ba，da-da-da 等，其中有些音节与词音很相似，如 ba-ba（爸爸），ma-ma（妈妈）等。父母常常以为这是孩子在呼喊他们，感到非常高兴，其实，这些音还不具有词语的意义。成人可以在生活中抓住教育机会，比如当幼儿发出 ba-ba 这个音时，爸爸微笑着答应，并及时地给一个拥抱，给予幼儿以鼓励和支持，强化幼儿的这一行为，使幼儿明白发出的这些声音具有一定的意义。另外，研究者还发现这个阶段的幼儿还出现了“小儿语”，会用语音来吸引别人的注意。这些“小儿语”听起来似乎是在表达一种要求和愿望，但是成人一般听不懂。我们仔细观察还会发现幼儿在与年龄相仿的同伴相处时，会有相互模仿的现象，而且“交谈”得很愉快。幼儿独处时会出现嘴唇运动，非常注意成人的发音，并对其进行反复模仿，还会发出一些语音吸引成人的注意。

3. 学话萌芽阶段幼儿前语言发音能力的发展（9～12 个月）

9 个月后幼儿的发音能力进入一个更加复杂的阶段。这个阶段幼儿的发音中连续音节明显增多，而且不只是同一音节的重复，近似词的发音增多，发音时的声调也开始多样化。10 个月后，幼儿开始开口说话，发音中出现第一个有意义的单词。这是幼儿语言发展的一个非常重要的阶段，也是语言发展的一个里程碑，因为这个时候的发音是一种有意识的运动，是后天习得的，发出的单词具有一定的意义。由于遗传、环境等多方面的原因，幼儿开口说话的时间有个体差异性。幼儿真正进入发出语音的阶段，最早是在 10 个月左右，较晚的可能是在 1.5 岁以后。

（三）前语言交际能力的发展

掌握语言是为了更好地与人进行沟通和交流，前语言阶段是语言发生的准备阶段，不仅为感知辨别语音和发音做准备，同时也是儿童人际交往的准备阶段。研究表明，幼儿交际能力在出生后不久就开始发展了。由于前语言阶段儿童年龄较小，语言发展还处于准备阶段，所以幼儿与成人的交往更多的是依靠表情、手势和动作等。

1. 简单音节阶段幼儿前语言交际能力的发展（0～3 个月）

这一阶段幼儿与成人进行面对面“交谈”时，表现出交际倾向。1 个月的幼儿已经可以用不同的哭声表达自己不同的需求，吸引成人的注意，这是幼儿前语言交际的第一步。比如，幼儿饥饿时哭声会特别响亮、短促有规律，要求抱抱时声音小且哭哭停停。大约在两个月的时候，幼儿开始用声音或是肢体动作来回应成人的行为，就像是在跟成人“交谈”。比如，幼儿吃饱后，会发出轻松的声音，或用两只眼睛一直看着母亲，仿佛是在告诉妈妈自己吃饱了，很舒服。

2. 连续音节阶段幼儿前语言交际能力的发展（4～8 个月）

4 个月以后，幼儿在与成人交往中似乎开始学习一些交际的基本规则。研究者经过观察发现，这一阶段的幼儿在与成人交往时出现了以下几点新的变化：（1）当成人用话语逗幼儿时，幼儿会给予一定的语音应答，仿佛在与成人进行交谈；（2）在用语音与成人交流时，成人说一句，幼儿发几个音，成人再说一句话，幼儿再发几个音。也就是说幼儿与成人交谈已经开始出现“对话”；（3）当一段“对话”结束后，幼儿开始主动与成人进行交流，通常会发出几个语音吸引成人；（4）这个阶段幼儿开始学会用不同的语调和动作来表达自己的情感。幼儿的这些变化表明此时的交际已经具有明显的“社会性”成分，幼儿在不断地学习和吸收来自外界的语言交往的经验，并促使自己快速地适应社会。

3. 学话萌芽阶段幼儿前语言交际能力的发展（9～12 个月）

随着对语言理解能力的增强，这个阶段幼儿的语言交际能力开始扩展。尽管幼儿还不能以说话的方式与成人进行交流，但是他们可以通过肢体动作、语音以及表情的组合来回应成人的话语。幼儿可以执行成人简单的指令，并通过一些动作的练习与成人交流。比如，当成人让幼儿说再见的时候，他们会挥挥小手；当成人讲故事给他们听时，幼儿会用手指着自己感兴趣的动物，让成人重复讲读，并对成人的行为示以微笑。另外，这个阶段幼儿用不同的语调表达不同态度和情感的能力增强，他们的语音已经产生了陈述、否定、疑问、感叹、祈使、命令等各种句式的意义。

二、1～3 岁幼儿语言发展

经历了语言的准备时期，从 1 岁开始幼儿进入语言发生的阶段，口语发展非常迅速。这一阶段幼儿语言的发展主要体现在语言形式、语言内容和语言运用三个方面。这三个方面的发展进一步促进了幼儿口语的发展，为其后期语言的发展打下了基础。有研究表明 1～3 岁是幼儿语言发展的关键期，应该引起足够的重视。根据幼儿语言发展的基本情况，这一阶段可以分为理解语言迅速发展的阶段（1～1.5 岁）和积极说话发展阶段（1.5 岁～

3岁）两个阶段。

（一）语言形式的发展

语言形式是指幼儿语言中的约定俗成的符号系统和系列规则，幼儿语言形成的发展主要包括语音和语法的发展。不同年龄的幼儿语言形式的发展不同，对语音和语法的掌握也存在一定的差异。

1. 理解语言迅速发展阶段（1～1.5岁）

在语音方面，这个阶段幼儿无意义音节明显减少，出现语音紧缩的现象。在前语言阶段，幼儿发出的音节大多是无意义的，到1岁后，幼儿无意义音节明显减少。这个时期幼儿理解的语言数量增加，但是说出的语词则相对减少，甚至出现一个短暂的停顿期或沉默期。他们有时用手势和动作来表达自己的意思，独处时则停止发音活动。另外，这个阶段幼儿继续讲“小儿语”，这些“小儿语”有明显的节律和音调变化，发音时常常使用省略音、替代音和重叠音。有些研究者将这些语音称为“发音错误”，这种说法是不合适的。因为幼儿每个阶段语音的发展都会有不同的发音规律，这个阶段幼儿有特殊的发音是一种正常现象。

语法的发展主要是指幼儿语言中句子的获得与发展，这个阶段幼儿掌握的句子主要以“单词句”为主。幼儿往往用一个单词表达比该词意义更为丰富的意思。比如幼儿用单词描述某个情境、事件或表达自己的愿望、感觉等。

2. 积极说话发展阶段（1.5岁～3岁）

这个阶段幼儿的语音逐渐开始稳定和规范，发不出的语音开始逐渐减少。由于幼儿年龄的增长，其发音器官也开始逐渐成熟，发音方面的困难逐渐减少。因此，幼儿发音逐渐稳定，发不出的音也日渐减少。但是，幼儿发音仍然存在很大的差异性。有些幼儿存在不同程度的发音困难，比如“zh”“ch”“sh”等，少数幼儿发“g”“h”等音时也存在困难。

（二）语言内容的发展

语言内容即语义的获得。幼儿语义的发展是指幼儿对词、句子和语段3个语言结构层次在理解上的发展和获得。幼儿语义的获得具有以下几个特点：

1. 理解语言迅速发展的阶段（1～1.5岁）

这个阶段幼儿对词义的理解不明确，出现泛化、窄化和特化的现象：泛化是指幼儿对词义的理解使用超出了目标语言范围，比如幼儿用“毛毛”一词来代表所有带毛毛的动物或是用毛毛做的东西；窄化是指幼儿对词义的理解使用达不到目标语言的范围，比如幼儿发出的“车车”，专指他的幼儿车或是自己的玩具车，而不是所有的交通和运输工具；特化是指幼儿的词语的指称对象与目标语言完全不同。比如幼儿大便时，妈妈给他擦屁股时说了一声“臭臭”，以后孩子每当需要大便时都会说“要臭臭”。

2. 积极说话发展阶段（1.5岁～3岁）

1.5岁后，幼儿能理解的词汇数目和种类与日俱增，每天都会增加新的词汇。尤其是对名词和动词的理解在2岁前发生一次飞跃。到3岁时，幼儿已经能够掌握1 000个左右的词。幼儿除了在词汇数量上逐渐增加，掌握的词汇的种类也开始增多，不仅有名词和动词，也开始出现较为抽象的形容词、副词和代词，但仍然以名词和动词为主。

这个阶段的幼儿进入了真正理解词语的阶段，幼儿可以摆脱具体情境，准确地把词与物体、动作联系起来，不再受具体情境的制约，词汇理解能力逐步增强。幼儿2岁时基本上能够理解成人所有的句子，词义泛化、窄化和特化的现象明显减少，对词语的概括能力明显提高。

（三）语用技能的发展

语用技能是指运用恰当的、社会可接受的言语表达方式去适应不同的情境以达到一定目的的语言交际能力。主要表现为幼儿如何运用适当的语言形式表达自己的交往倾向，如何运用适当的策略开展与他人的交谈，如何根据不同情境的需要，运用适当的方法组织语言表达自己的想法。语用技能的发展是幼儿语言发展的一个重要方面。

1. 理解语言迅速发展阶段（1～1.5岁）

随着理解语言能力的迅速发展，幼儿交往能力也随之发展。这个阶段幼儿大多是在成人的帮助下与成人一起活动，幼儿与成人的言语交际也正是在这样一种协同活动中进行的。所以幼儿的言语基本上都是采取对话的形式，而且他们的言语往往只是回答成人提出的问题，或向成人提出一些问题和要求。他们的语言基本上都是情境性语言，根据不同的情境选择不同的语言。

2. 积极说话发展阶段（1.5岁～3岁）

这个阶段，幼儿的语言表达能力发生了质的变化，掌握新词的速度突飞猛进，处于“词语爆炸”的阶段。2岁后幼儿进入人生的第一个反抗期，在语言上也开始出现“反抗行为”。因此，在与成人交际的时候，幼儿会不断地向成人提问，逐渐学会使用疑问句和否定句。疑问句在幼儿语用技能发展进程中起着非常重要的作用，可以逐渐提高幼儿理解话语、表达自我思想感情的能力，从而有效地与成人进行沟通和交流。

三、3～6岁幼儿语言发展

3～6岁幼儿语言发展的主要任务是口语的发展，3岁左右幼儿已经基本掌握了本民族的口语，而口语的发展主要体现在语音、词汇以及语法等方面的发展。随着年龄的增长，3～6岁幼儿口语的发展也随之发生变化，呈现出与之前阶段不同的特点。

（一）语音的发展

语音是幼儿口语发展的第一个方面，学前阶段是幼儿语音可塑性最强的时期，其中3～4岁是语音发展最为迅速的时期，4岁后幼儿基本上能掌握本民族的全部语音。随着发音器官的成熟，大脑机制的完善，幼儿语音的发展也逐渐稳定和完善。

1. 发音水平随着年龄的增长逐渐提高

刘兆吉等人曾经对3～6岁幼儿的语音发展做过研究，根据《汉语拼音方案》测查3～6岁幼儿语音的正确率。结果发现，4岁幼儿不论是对声母还是对韵母的发音正确率都高于3岁幼儿；城乡幼儿发音正确率存在差异，城市幼儿的发音正确率高于农村幼儿。另外，通过对十个省市幼儿的调查发现，4岁幼儿发音正确率为32%，5岁幼儿发音正确率为57.7%。这些数据都表明儿童的发音水平随着年龄增长而逐渐提高，这与每个年龄段儿童发音器官的完善程度以及儿童所处的语言环境有很大关系。因此，这个阶段儿童的发音水平也存在较大的个体差异，有些儿童6岁时仍然存在发音不准的现象。所以，在进行语言教育的时候就要采取有针对性的教育措施。

2. 与韵母相比，声母的发音较困难，错误较多

经过研究调查发现，这一阶段对声母的发展错误率较高，并主要集中在z、c、s、zh、ch、sh、r、n、l这几个声母上，其中zh、ch、sh容易与z、c、s相混。相对来说韵母的发音就较为准确，水平较高，但是后鼻音eng、ang、ing容易与前鼻音en、on、in相混。这一发音特点普遍存在于该年龄段的儿童身上，且在城市和农村儿童身上都得到了体现。研究者认为出现这个现象的原因与这个阶段儿童的生理特点有关。声母的发音需要唇、舌、齿等细微的变化，而3岁儿童还没有掌握声母的发音部位和方法，生理不够成熟，不能恰当地支配发音器官。因此，往往出现zh、ch、sh与z、c、s相混的现象。

3. 发音受语言环境的影响

幼儿语言的发展不仅受自身生理条件的影响，也受到外界环境的刺激。尤其是在语音发展最为迅速的3～4岁这个时期，外界环境的影响是非常大的，幼儿语音的发展会受到当地方言的影响。研究者史慧中等通过对中国十个省市幼儿语音发展的调查研究发现，当地语言的发音习惯对幼儿的发音有影响，幼儿跟读成人发音的正确率高于幼儿自动发音的正确率，也就是说幼儿在跟成人读的时候发音较为准确，而当自己发音时就不准确了。另有研究发现，城市和农村幼儿发音水平的差异主要是由语言环境的差异造成的。

4. 4岁儿童基本掌握本民族的全部语音

随着幼儿年龄的增长，生活范围逐渐扩大，3岁后幼儿游戏和学习等活动也开始增多。因此，幼儿交际范围逐渐扩大，语音也得到迅速的发展，对本民族口头语言的掌握逐步熟练与完善，4岁时幼儿基本上能够掌握本民族的全部语音。

（二）词汇的发展

词汇是语言的基本组成部分，幼儿对词汇的掌握程度直接影响其语言的发展。如果不能掌握足够的词汇量，就很难表达自己的意愿，同时在与其他幼儿进行沟通时也会存在障碍。一般来说，幼儿只能掌握基本的口语词汇。词汇的发展主要体现在词汇数量的增加、词类范围的扩大以及对词义理解的深化等方面。

1. 词汇量不断增多

这个阶段幼儿的词汇量随年龄增长而不断增多，研究表明，3～6岁是词汇增加最为迅速的时期。在20世纪90年代初，我国心理学家曾对十个省市的两千余名幼儿掌握的词汇量进行统计，结果表明：3～4岁幼儿的常用词有1 730个，4～5岁幼儿的常用词有2 583个，5～6岁幼儿的常用词有3 562个。从数据中可以看出4～5岁是幼儿词汇发展的活跃期，这个阶段词汇增加最快。另外，由于个体差异以及生存环境等方面的原因，词汇数量的增加程度也不尽相同。词汇量的多少是衡量一个人智力发展水平的标志之一。因为词和概念是不可分的，概念是用词来表示的，一个人掌握的词越多，说明这个人掌握的概念一般也较多。

2. 词类范围不断扩大

随着年龄的增长，幼儿不仅词汇数量增多，掌握词的种类也不断扩大。幼儿先掌握的

是实词，然后是虚词。实词代表比较具体的事物，虚词代表意义比较抽象的事物。在这一阶段，幼儿掌握的实词较多，虚词较少。根据史慧中等人的研究，幼儿对实词的掌握在3～4岁时发展比较迅速，而对虚词的掌握在4～5岁时发展比较迅速，这在一定程度上也反映了幼儿认知水平的提高。幼儿词类范围的扩大主要表现在两个方面，一个是掌握词汇的顺序和内容，另一个是词汇的使用频率。

3. 词义理解不断深化

随着年龄的增长，3～6岁幼儿对词义的理解也开始深化和准确。同一个词，不同年龄段幼儿的理解不同，这与幼儿心理发展水平尤其是思维发展水平有关。幼儿对词义的理解从笼统、具体到确切、深化，这基本上遵循了儿童思维发展的一般规律。比如，1岁左右的幼儿常常用“嘀嘀”一词来代表汽车，同时用“嘀嘀”代表各种交通工具，还用“嘀嘀”代表去坐车。幼儿对“嘀嘀”一词的理解是非常笼统的，随着年龄的增长，幼儿不仅明白了“嘀嘀”一词的表面含义，还能够准确地将各种交通工具用相应的词语来表示。幼儿掌握的词义越是丰富和深刻，运用该词的积极性就越高。词汇就从消极词汇转变为积极词汇，与此同时，积极词汇的数量也开始增加。

（三）语法的发展

幼儿在学习语言的过程中，不仅要掌握一定的词汇，懂得词汇的含义，还需要掌握一定的语法。语法和词汇一样都是社会约定俗成的。幼儿学习语言的过程，也是掌握语法的过程。

1. 句型逐渐完整

2岁前婴幼儿掌握的句子是不完整的，主要以单词句和多词句为主。2岁后幼儿掌握的句子随着年龄增长逐渐完整，直到6岁，98%以上的幼儿能够使用完整句。不完整句主要包括单词句和多词句，而完整句主要包括简单句和复合句、陈述句和非陈述句、无修饰句和修饰句。

2. 句子结构逐渐分化

这个阶段幼儿对句型的掌握和使用变得复杂，句子的结构也开始从混沌一体到逐渐分化，主要表现在以下三个方面：第一，句子表达内容的分化。2岁到2岁半的幼儿多半是边做动作边说话，用动作来补充语言所没有完全表达的意思，3岁后开始分化。第二，词性的分化。最初，幼儿运用语词不分词性，经常将动词和名词混用，3岁后幼儿逐渐分辨出名词和动词等词性。第三，句子结构层次开始分化。幼儿最初使用的句子是不分主谓语的单词句或多词句，随着年龄的增长，幼儿开始掌握和使用结构层次分明的句子。

3. 句子含词量不断增加

随着年龄的增长，幼儿使用的句子中词汇量不断增加，句子的长度有延伸的趋势。幼儿最初使用的是只含有一个词的单词句，随后开始出现多词句，3岁后，句子含词量不断增加。研究表明，3～4岁幼儿以含有4～6个词的句子为主，4～5岁幼儿以含有7～10个词的句子为主，5～6岁幼儿多数句子中含有7～10个词，有时候会出现含有11～16个词的句子。在学前期，3个词以下和16个词以上的句子很少见。

第三节 关于幼儿语言的研究

我国的幼儿语言研究在近一个世纪有了长足的发展，由大而化之的概述细化到深入细致的调查，由事实研究升华到理论研究，由心理学界的孤军奋战到心理学、语言学两个学界的联袂，由对正常幼儿语言的研究深入到对特殊幼儿语言的研究。我国幼儿语言研究引进了西方和苏联的重要研究成果，对幼儿的语言发展与教育有了一个粗线条的描绘，对语言的一些子系统或特定年龄段的语言发展与教育，正在做较为深入的研究。同国外研究相比，虽然还存在一些差距，但近几年来发展势头令人鼓舞。

一、幼儿语言的研究价值

幼儿语言具有多学科、多方面的研究价值。就目前发挥作用较多的领域看，其研究价值主要有四个方面：

（一）语言学价值

20 世纪下半叶的幼儿语言研究领域，在所谓的“乔姆斯基革命”的冲击下，由探讨语言的符号系统转为探讨人类所普遍拥有的语言能力。探讨人类所普遍拥有的语言能力的途径有三种：（1）概括人类语言的共性。多数学者认为，语言共性是人类普遍语言能力的表现。（2）研究幼儿语言的发展。对幼儿语言的研究，不仅可以看到人类获取语言能力的过程，而且幼儿语言的发展是人类语言能力的动态展开的慢镜头，从中可以观察到人类语言能力的一些细节。有人甚至提出，从人类语言共性所推断出的人类语言的普遍能力，需要经过儿童语言发展的检验，才能成为定论。（3）病理语言学的研究。通过对语言障碍者的语言缺陷的观察，可以从另一个侧面考察人类的语言能力。

（二）心理学价值

语言既是心理活动所凭借的一种工具，又是心理活动的一种重要体现。因此，语言（包括文字）和各种语言活动，既是心理学的研究对象之一，又是心理学的重要研究工具之一。幼儿语言的发展，反映着幼儿认知心理的发展，所以它从来就是发展心理学的重要研究课题之一。著名心理学家让·皮亚杰（Jean Piaget）的许多重要的心理学观点，都得益于他对幼儿语言的观察和研究，这是一个十分典型的例子。作为心理学和语言学的交叉学科，心理语言学的诞生和飞速发展，更加表明幼儿语言研究的价值。可以毫不夸张地说，许多重大的心理学问题的解决，都需要幼儿语言学的参与或验证。

（三）教育学价值

教育是人类进步的重要保证和动力。教育可分为语言教育和一般教育。语言教育，不管是母语教育还是外语教育，其理论依据都是语言学习理论。语言学习理论是关于语言学习的内化规律以及语言输入（input）、语言输出（output）、语言反馈（feedback）、学习者的语言学习素质和各种语言学习环境对于内化的隐形规定的理论。语言教育就是根据语言学习理论，采用各种教育方法，通过调整输入、输出、反馈和语言学习环境，利用语言学习者素质中的积极因素，以达到高速度、高质量的语言内化。语言学习理论的建立，依赖对各种语言学习现象深入而全面的研究；但是，学术界公认幼儿语言学习是语言学习中最成功的，因此幼儿语言的研究成果，自然也就是语言学习理论最为关注的，它对语言学习理论的建立有奠基作用。

幼儿的语言教育必须遵循幼儿语言发展的规律，这是不容置疑的。在成人的规范语言教育、第二语言教育和语言障碍者的语言教育中，幼儿语言的研究成果也具有不可估量的作用。

（四）文化学价值

语言与文化密不可分。民族语言和民族文化有着千丝万缕的联系。语言不能脱离文化而存在。语言是人类最重要的交际工具，是文化的表现形式，是文化的载体，而且它本身也是一种文化现象。语言的文化学价值主要表现在：（1）语言是文化的产物，语言的发生和发展都与文化有密切的关系，并受到文化的制约；（2）语言的理解和使用，即语言的发送、传播和接收都要以特定的文化为背景；（3）语言是实现、巩固和传递文化的手段，语言是一个民族历代智慧的积累，是文化的结晶体，它包容了一个民族长期创造性活动的成果，所以，语言是表现和传播文化的载体。幼儿语言的萌芽标志着幼儿创造文化的开端。特别是语言中的词语，被看作文化的"活化石"，其内涵是人类经验的历史积淀。幼儿语言学习的过程实际上就是文化学习的过程，幼儿语言的发展从根本上看是文化发展的结果。

二、幼儿语言的研究方法

幼儿语言主要是研究幼儿语言获得、语言学习和语言教育的过程，只有经过科学实验的验证或系统的自然观察，才能判明其是否有效。

（一）科学实验法

科学实验是一种有控制的观察，是通过对某些影响实验结果的无关因素加以控制，有系统地操纵某些实验条件，然后观测与这些实验条件相伴随现象的变化，从而确定与想象之间因果关系的一种研究方法。任何一种行为都是多种因素作用的结果，为了弄清楚这些因素的不同作用，我们往往需要把其他各个因素控制起来，而专门操纵某一因素，使它发生系统的改变，从而观察其作用。例如，影响幼儿语言教育的成败因素是很多的，有教材、教法、教具、教师、幼儿等多方面的问题。如果我们想观察其中的一个因素，了解幼儿的年龄究竟对语言学习有无影响，就要把教材、教法、教具、教师等因素控制起来，使他们稳定不变。对年龄这个因素则应加以操控：把幼儿分为若干不同的年龄组。每组的教材、教法、教具、教师等方面的情况应大致相同。这样，语言学习的成败就极有可能和幼儿的年龄有关。

科学实验有五个方面：（1）理论：实验的目的是验证某一种理论、学说、观点。这是实验的出发点。（2）预测：根据理论做出预测，如果X出现，Y应出现。（3）操纵：在实验中确立Y出现所需的条件。（4）观察：观察Y是否出现。（5）结论：如Y出现，预测得到证实，理论可以成立；如Y不出现，预测得不到证实，理论是部分或全部错误；如果观察结果模棱两可，不做任何结论。

试验者应注意到预测必须来自理论，操纵必须合适，而且应明确观察到 Y 是否出现。

（二）自然观察法

自然观察法是在自然条件下有目的、有计划地对自然发生的现象或行为进行考察、记录和分析的一种研究方法。自然观察法是学前儿童语言教育领域相当有用的一种方法，其运用范围极广。但是这种方法缺少了操纵这个部分，也就是各种因素均听其自然，不加控制。其缺点是各种因素交错在一起，使人不易做出科学的判断和推论。但是它也有可取之处：首先，有些自然产生的行为（如幼儿的自言自语、咿呀学语）是很难任意操纵的，只好在它出现时便立即进行观察；其次，有些行为一经操纵，就会受到影响，乃至失真。如幼儿自言自语时发现成人在观察，则会立即停止这种自言自语，转而观察成人，这种观察自然就会失败。在实验室里的电话通话和日常的电话显然不同，如果我们要观察的是后者，那就只好在正常的情况下进行观察。

（三）调查法

调查法是用各种方法与手段对儿童语言发展与教育现象进行有计划的、周密的、系统的间接了解和观察，并对所收集到的资料进行统计分析或理论分析（定量或定性分析）的一种研究方法。

根据课题性质和研究目的的不同，学前儿童语言发展与教育领域的调查研究，一般可分为四种类型。

1. 现状调查

现状调查旨在研究幼儿语言发展中的某些特征、方面的发展现状。例如“大班幼儿语言交往能力的调查”“3～6 岁幼儿语言掌握情况的调查”“某地区幼儿教师语言素质的调查”和“家庭对幼儿掌握普通话影响因素的调查”等。通过现状调查，可使我们掌握幼儿园或家庭的基本情况，以便有针对性地实施教育，或做进一步实验研究；也有助于我们发现问题，为确定今后的工作、改进语言教育、促进幼儿语言发展提供依据。

2. 关系调查

关系调查是通过调查两个变量的情况，分析以考察其相互联系的性质及程度的调查研究。例如，“家长的语言教养态度对幼儿语言发展的影响”“早期阅读与幼儿文学语言掌握的关系的调查”等。

3. 发展变化调查

发展变化的调查，主要是调查幼儿的某种特征如何随着年龄的增长而发展变化。如：“幼儿辨别声音细微差别的能力是如何随着年龄的增长而不断提高的”“幼儿语言能力发展的最迅速时期是何年龄阶段”等。它可采用纵向追踪研究，即在不同年龄阶段对同一组被测的同一特征进行测量，分析其平均水平或发展趋势；也可采用横向研究，即同时对不同年龄组儿童进行测定，求出平均数，进行比较或画出发展曲线。纵向研究和横向方法均有利弊，研究者应根据条件和目的选择采用，也可采用两者相结合的方式。例如，先用横向法，再用纵向法研究，如结果一致则可增强结论的说服力。

4. 原因调查

原因调查是调查并分析具有某一特征的幼儿或教育现象形成的可能原因。严格地说，仅用调查法是不足以说明因果关联的。但在有些情况下，研究者很难或不可能通过展开一项实验研究去发现某特征或现象的原因，这时可从对具有某一特征的一组对象和不具该特征的另一组对象的比较中，探讨其可能形成的原因，通过了解和比较这两组对象在其他方面的情况，把这两组对象之间显著的区别找出来，并将其作为某一特征的可能原因。经这种调查方法找出可能原因之后，有利于我们有针对性地、有方向地从事假设验证的实验研究，以确定因果关系。

三、幼儿语言研究展望

21 世纪学前幼儿语言教育和研究的学术积累、学术价值和社会应用价值将不断向前发展。当前学前教育界处于激烈的变革时期，曾经被认为是强有力的理论在渐渐失去它们的“真正力量和光芒”，人们试图对所有理论进行新的阐述，或构建新的理论框架。对未来的幼儿语言教育和研究的走向，可以依照学术发展的规律做出宏观的展望。

（一）学术发展多元化

在幼儿语言研究的发展史上，曾不断出现占统治地位的学术观念。但是，未来的幼儿语言教育与研究将很难再出现此种局面，在各个方面都会表现出多元化的趋势：理论观念的多元化、研究方法的多元化、研究目的的多元化、研究领域的多元化、研究人员学术背景的多元化，等等。这种学术发展的多元化，是学术繁荣的一种标志，也是学术变革时期的必然特点。

（二）幼儿语言运用能力的发展将成为一个热门课题

幼儿语言运用能力发展的研究是非常重要的，但却是幼儿语言教育与研究中的薄弱领域。幼儿是在语言运用中获得和发展语言的，也是通过语言的运用发展认知而不断社会化的。21 世纪是人才竞争的社会，语言运用能力和社会交往能力将是人必备的基本素质。另外，幼儿心理学和幼儿语言学等学科的兴起，以及其他领域所进行的关于语言运用的研究，必然会推动幼儿语言的研究与教育，并为幼儿语言运用的研究和教育提供一些重要的理论和方法。

（三）多方面的比较研究

比较研究会吸引众多学者的研究视线。语言各子系统的比较研究、理解和发生的比较研究、语言输入和语言输出的比较研究、正常幼儿和语言障碍幼儿语言的比较研究、不同家庭背景幼儿语言发展的比较研究、散居幼儿和入园幼儿语言发展的比较研究、幼儿语言学习和成人语言学习的比较研究，等等，通过这些大量的比较研究，寻求幼儿语言发展的一般规律。

（四）影响幼儿语言教育因素的研究

对于影响幼儿语言教育因素的考察，是幼儿语言教育重要的理论研究和实践研究，它将成为幼儿语言的一大热点。如语言教育的目标、内容、方法、手段、途径、活动材料、师生互动、教师语言素质等因素，对幼儿获得语言经验产生的影响，将吸引大众的注意力。幼儿园语言教育改革起步以来，尽管对语言教育的影响因素问题的研究取得了一些进展，但今后的研究任务仍然相当艰巨，需在新世纪把这项方兴未艾的事业推向高潮。

第二章

幼儿语言教育概述

内容提要

学前期是语言发展的关键期或最佳期，如能在这一时期为幼儿提供良好的语言教育条件，不仅能促进其语言的发展，而且能促进其认知、社会性的发展；同时，口头语言的学习能力还能为以后书面语言的学习打下良好基础。半个多世纪以来，研究者就语言习得问题提出了各种理论。幼儿语言的获得理论主要有先天决定论、后天决定论、先天和后天相互作用论。这些研究和理论的不同视野，给幼儿语言教育实践带来了诸多启示。

学习目标

1. 了解幼儿语言教育的价值
2. 了解幼儿语言教育的理论与实践
3. 了解幼儿的语言发展和教育

语言是人类最为宝贵的财富，语言的丰富性和语言所发挥的作用，使人类在万物生灵中能处于绝对优势的地位。语言教育历来是国民教育的基础，是推动社会政治、经济、科技等全面发展的重要因素，是培育民族精神、传承民族文化的重要手段。从某种意义上说，语言教育决定着一个国家、一个民族的未来。在科学技术迅速发展、世界经济走向一体化的今天，语言教育问题越来越多地受到社会的普遍关注。

在幼儿园里，幼儿能从多种渠道获取有关语言的信息，无数次的听、说、读和写的机会发生在幼儿语言交流的过程中，这些机会成为幼儿社会互动和儿童认知发展的重要基础。

第一节　幼儿语言教育的价值

一、什么是幼儿语言教育

语言是人类重要的交际工具，也是人类智慧的载体和构建知识大厦的材料。从宏观上看，语言是社会文化的一部分，一种语言往往代表着一种文化；从中观上看，语言具有交流沟通功能，即语言是交流的工具；从微观上看，语言有结构之功能，即语言是理性的组织工具。

人类很早就对语言进行了研究，尤其是19世纪末和20世纪初，人类对语言的探究形成了一股强大的思想潮流，语言成为哲学探究的中心。语言是教师教学的工具。它既是教师的工具，也是学生学习的工具。离开语言，教育这一人类独有的文化传递活动便无从发生。

教育是有目的、有计划地对教育对象施加影响，使他们在思想、情感、行为等方面发生变化的过程。对幼儿进行语言教育，要通过语言教育活动达到什么目的，获得什么样的效果，促使幼儿的语言产生怎样的变化，这些是每一位幼儿教育工作者都必须了解的问题。

语言教育是幼儿园教育的五大领域之一，作为幼儿教育的一个重要领域，幼儿园语言教育的基本任务包括：为幼儿提供普通话的语言环境，培养幼儿正确说普通话；创造一个自由、宽松的语言交往环境，培养幼儿语言交往的习惯，提高幼儿语言交往的能力；发展幼儿的语言理解能力和表达能力；积极引导与提供幼儿倾听和欣赏儿童文学作品的能力；激发幼儿对阅读与写作的兴趣、习惯和能力；为幼儿入学后的继续学习做好准备。

二、幼儿语言教育的价值的体现

3～6岁幼儿求知欲旺盛，对周围的事物具有强烈的兴趣，且正处在语言发展的敏感期，是学习语言特别是口头语言的关键期。如能在这一时期为幼儿提供良好的语言教育，不仅能促进其语言、认知能力的发展，还能为以后书面语言的学习打下良好基础。语言对幼儿来说，不仅是学习的对象，更是社会交往、认识事物、保存知识、发展智力的重要工具。

儿童心理学的研究成果和长期的教育实践证明，学前期是人一生中掌握语言最为迅速的时期，也是最关键的时期。在这一时期，幼儿的听觉和语言器官的发育逐渐完善，正确发出全部语音的条件已经具备。研究表明，幼儿三四岁时的发音机制已经开始定型，以后再发别的音，就容易有口音。如果错过了语言发展的最佳时期，或忽视了对幼儿学前阶段的语言教育工作，就会延缓、阻碍幼儿的语言发展，有的甚至终生难以弥补。

幼儿语言教育的基本任务在于促进幼儿语言能力的发展。因此，语言教育的首要任务也就是使幼儿的发音清晰、词汇丰富、口语表达完整，提高幼儿的语言交往技能，最终促进幼儿语言和行为的社会化进程。宏观上，语言是社会文化的一部分，一种语言往往代表着一种文化；微观上语言有结构之功能，即语言是理性的组织工具；中观上语言具有交流沟通功能，即语言是交流的工具。语言的社会文化功能和结构功能均必须通过交流沟通功能来实现。这是对语言交流在语言整体功能中特殊地位的确认。

在幼儿园里，幼儿能够在与教师和其他幼儿的交往中，从多种渠道获取有关语言的信息，幼儿园丰富的环境资源和教育活动，为幼儿创造了大量听、说以及早期阅读和书写的机会，这些语言交往机会是幼儿的社会互动和认知发展的基础，对幼儿的身心全面发展具有极为积极的影响和重要价值。具体而言，这些积极的影响和重要价值表现在以下几个方面：

（一）促进幼儿的社会化进程

幼儿个体的社会化是在与他人交往的过程中实现的，交往离不开语言工具。儿童在入园时，虽然已经具备了一定的口头语言表达能力，但其语言交流能力受制于前期家庭环境下特殊的语言交流氛围，在诸多方面还有待发展。随着儿童入园后开始集体生活，儿童交往行为增多，且交往范围日益扩大，此时对儿童进行语言交往能力的培养，不仅关系到儿童能否适应幼儿园集体生活，也对儿童身心的全面发展起着至关重要的作用①。

对于儿童来说，语言交流是习得和发展语言的有效方式。英国语言学家韩礼德（M. A. K. Halliday）在解释语言习得时持“交流习得”的观点，认为语言在交流中发挥着工具、调节、交往、表现自我、启发、想象、表达等作用，儿童通过发挥语言的这些功能习得语言。学前儿童语言教育的根本任务就是促进幼儿语言运用能力的发展。幼儿语言运用能力主要表现为如何运用恰当的语言形式表达自己的交往倾向，如何运用适当的策略开展与他人的交谈，如何根据不同情境的需要，运用适当的方法组织语言和表达自己的想法。

自从教育部印发《幼儿园教育指导纲要（试行）》（以下简称《纲要》）以来，我国幼儿教育经历了一场研究和改革的浪潮。作为幼儿教育的一个重要领域，语言教育也不例外。语言教育就是要引导幼儿喜欢与人谈话、交流，注意倾听并能理解对方的话，能清楚地说出自己想说的事，喜欢听故事、看图书。这些都体现出语言的社会功能。

幼儿语言能力并非生来就有，而是在与他人的交往中、在运用的过程中发展起来的。幼儿能够用语言与周围的人交换信息，如表达个人的请求，接受他人的委托和劝告，述说个人的经历，表达自己的情感和需求等等。人们在进行语言交流的过程中经常互换角色，这为幼儿创造了很多观察对方行为、表情以及处事方式的机会。幼儿在这一过程中也获得很多体验和感受。这种相互交流非常有助于儿童克服自我为中心的语言和行为，并学习主动适应他人的行为，同时也会注意积极地调节自己的行为。在这个基础上，幼儿逐步形成了语言自我调节能力，从而使自己的情感、态度、行为、习惯等逐渐靠近和符合社会规范。

儿童社会化行为的发展也使他们的社会交往需求得到满足，并在这一过程中获得交往的成功感。这种成功感反过来又激励幼儿去进一步争取更多的与他人的交往机会，由此，儿童的语言能力和社会行为的发展便会处于一种良性循环之中。

幼儿丰富的语言教育活动，能够为儿童创造各种各样的可以学习、模仿和运用语言的机会，包括日常对话、游戏、童谣、歌谣、故事和诗歌等形式，可以让儿童更多地感知、体会、理解和记忆。教师作为幼儿语言教育活动的示范者，应为幼儿提供良好的语言范例，这些范例应具备以下重要特征：发音正确，坚持讲普通话；词汇丰富，用词确切；口语清楚明确，文理通顺，有文学修养；富有表现力，在表达方法上要适应幼儿的接受能力

---

① 郭咏梅. 幼儿语言交流的价值、现状及其教育策略. 学前教育研究，2010（5）：53-55.

和理解水平；讲话的语调要使幼儿感到亲切，讲话的速度和声音的大小，要以幼儿能听清为准。

在教师为幼儿提供语言范例的过程中，幼儿得以不断积累新的语音和词汇，不断吸收新的句式和表达方法，然后逐渐把他人的语言转化为自己的语言，以表达自己的思想和情感，进而对他人的行为施加影响，实现自己的交往意愿，完成各种交往任务，最终加快个体语言和行为的社会化进程。

（二）促进幼儿认知能力的发展

幼儿语言教育的第二个积极影响和重要价值，体现在促进幼儿认知能力和学习能力的发展方面。认知是认知心理学的术语，是指人认识外界事物的过程，或者说是对作用于人的感觉器官的外界事物进行信息加工的过程，包括感觉、知觉、记忆、想象、思维等心理过程。幼儿思维的发展经历了从直观动作思维到具体形象思维，再到抽象逻辑思维的发展过程。在这一过程中，语言起着非常重要的作用。

幼儿在掌握语言之前，对事物的认识主要依赖于直接感知。幼儿需要用手摸、用眼睛看、用耳朵听、用嘴巴咬的方式来探索和感受事物的外在特征。当他们学会使用语言之后，开始用语言对事物进行概括，对肢体动作的依赖逐渐减少，对语言的依赖逐渐增强。这一行为的发展，使得幼儿的思维从直观的动作思维逐渐过渡到具体的形象思维，并产生抽象逻辑思维的萌芽。语言的参与，使幼儿的认识过程发生质的变化。具体而言，语言在儿童思维发展中起到以下几个方面的作用：

1. 语言教育丰富幼儿的知识

语言作为一种符号系统，总是代表着一定的事物。幼儿在语言学习的过程中要接触大量的语言材料，如日常对话范例、各种题材的文学作品等。这些语言材料之中往往包含着丰富的知识，如动植物的特征和习性、不同国家和地区的生活习俗、各种日用品的功用等。幼儿学习语言的过程也同时成为他们接触和理解这些知识的过程。许多生活实例和调查研究表明，早期经历过听故事训练的儿童往往智商较高，知识较丰富。

2. 语言教育能加深并巩固幼儿对概念的理解和把握

概念是人脑对客观事物本质特征的反映。心理学研究表明，幼儿思维的主要特点是动作性和形象性，他们的思维主要依赖自身的动作、事物的具体形象或表象及其联系，而不是凭借概念、判断和推理来进行。语言作为思维的工具，在概念的形成、同化、巩固以及思维的发展过程中起到重要作用。

3. 语言教育促进幼儿创造性思维的发展

创造性思维是指根据一定的目的，运用已有信息，产生某种新颖、独特的有社会或个人价值的产品的过程。语言的发展为幼儿创造性思维的萌芽和发展起到了非常重要的作用。

语言具有高度的概括性，语义内容也相当丰富。在语言输出的加工中，幼儿要把话语表达得正确、清晰、完整和连贯，也需要有感知、记忆、思维、想象过程的积极参与。随着幼儿语言水平的提高，语言发展和认知能力的结合也越来越密切。我国心理学家朱智贤教授认为，儿童语言连贯性的发展是儿童语言能力和逻辑思维能力发展的重要环节。心理学家普遍认为，早期语言能力的发展是儿童认知发展的重要标志。

语言是按照一定的规则组织起来的单词体系，人们运用这一体系进行听说读写。语言分为两个领域：接收性语言（receptive language）和表达性语言（expressive language）。接收性语言是指一个人领会他所听到和读到的语言，表达性语言是指一个人所说和所写的语言。儿童在不同的发展阶段获得不同的语言发展，但这一进程会因人而异。

幼儿先是听到熟悉的声音，然后开始牙牙学语和说话。幼儿通过说话学会组织他们的思想和想法。在和成人的交流互动中，儿童构建自己对语言规则的理解，他们逐渐学习到发音的顺序规则，并以标准的格式使用语言。当儿童获得了读写技能，他们就会将口语转换成书面语。词汇有四种：听到的词汇——我们听到和理解的单词；说的词汇——我们口头自我表达的单词；阅读的词汇——我们阅读和理解的单词；书写的词汇——我们书写的自我表达的单词。当儿童在学习阅读时，他们听到和说过的那些词汇会帮助他们理解书面语言。之后他们的阅读和书写经验会帮助他们扩展到所有的词汇。

因此，儿童加工语言能够发展其认知能力，使其认知能力得到训练和提升。然而语言加工又不等同于其他的认知加工。语言通过词语、概念向儿童传递间接经验。因此，语言学习有助于扩大儿童的眼界和视域，提高其思维和想象能力，进而起到发展儿童学习能力的作用。

（三）促进幼儿语言兴趣的提高

幼儿语言教育的另一个重要价值在于提高儿童对语言的兴趣。语言教育是促进儿童语言能力得到全面发展的教育，既要在应用中发展一般的语言能力，又有必要经常将语言现象抽取出来，作为主要的感知对象，引发儿童对语言现象的兴趣和敏感性，促进儿童语言能力的发展。

随着幼儿语言能力的不断发展，其语言不断丰富，语言交往技能不断提高，学习和运用语言的兴趣也会越来越高。儿童一旦产生了学习语言的兴趣，就会主动寻找学习语言的机会，尝试用语言进行沟通和交流。在这一过程中，幼儿将学习更多的语言符号，尝试更新的语言交流技巧，积累更多的交流经验，语言的潜能也会得到更好的发挥和施展。这样能够使儿童对语言的探索和使用产生浓厚的兴趣，从而刺激其更加积极、主动地学习和运用语言。

然而，在实际教育活动中，一些幼儿的语言交流能力较差，如对老师提出的交流主题不感兴趣，不想讲也不想听，或者被动交流；不敢表达自己的想法，不善于主动与他人交谈，或用语言表达自己的想法与态度；只想讲不想听，没有掌握平等交流的规则；不善于根据不同情境选择恰当的词句同对方交流、做出应答、解决问题等等。这被认为主要是由于幼儿语言教育的缺失造成的。

幼儿喜欢听人读书，在倾听和学习的时候感到兴奋，表明幼儿愿意学习阅读。当幼儿在一个有意义的背景下接触新词时，他们的词汇量就会增加，之后当他们看到这些单词时，就能很容易认出它们。当幼儿发现阅读是一种享受并且非常有用的时候，他们就会更愿意阅读。通过大量阅读，幼儿能流畅、轻松和准确地认出词汇并理解文意。因此，幼儿教师应帮助幼儿树立语言交往的信心，以幼儿感兴趣的内容和形式激发幼儿语言表达的欲望，并为幼儿提供充足的交流时间，在教学活动中有意识地提高幼儿交流的技能，从而促进幼儿语言交流水平的提高，帮助幼儿树立语言交往的信心。

树立幼儿语言交往的自信心对于激励幼儿主动地与他人交流至关重要。儿童语言兴趣不仅对其当前的语言学习活动有积极兴趣，而且可能影响到他们入学后的学习成功，乃至终身学习和运用语言的兴趣。国内外很多作家在幼年时期经常听大人讲故事、读书，正是这些经历促使他们对文学作品和写作活动产生浓厚兴趣，并最终走上文学创作的道路。激发儿童主动表达和交流的兴趣是促进儿童言语能力发展的根本。为此，教师需要观察幼儿的日常活动，倾听他们的谈话，以此发现幼儿所关心的话题，寻找引发幼儿言语交流的契机，进而创设能够激发幼儿说话的活动和游戏情境。

语言作为一种交际工具，包括口头语言和书面语言。而书面语言的学习又以一定的口头语言能力为基础。在听、说、读、写四种能力中，听、说是读、写的基础，是儿童入学后顺利过渡到正式学习的重要条件。我国中小学语言教学研究成果证明，学生写作能力低的原因之一就是独白能力低，写起作文来自然杂乱无章。而独白能力强、比较善于表达的学生，说起话来有条有理、生动自然，写出作文来一般都会比较顺畅。这是因为书面语是以口语表达为基础的。在幼儿时期，如果儿童能学会普通话的准备语音，掌握大量的词汇，具备一定的口语表达能力，那么在入学之后，学习认字、读书和作文时就容易得多，这主要是因为能把看到的字形和相应的语音联系起来，使理解文字内容和用文字表达意思变得比较容易。成人如果能在幼儿学前阶段有意识地训练其口语表达能力，让幼儿现想现说、有条有理地说，就可以提高幼儿思维的敏捷性、灵活性和逻辑性，进而为幼儿语言能力的发展打下良好基础。

第二节　幼儿语言教育的有关理论与实践

一、幼儿的语言获得

语言习得是语言心理学领域的重要内容。半个多世纪以来，研究者就语言习得问题提出了各种理论。这些理论之间的差别在于，在考虑幼儿语言获得和发展以及幼儿的语言教育时，是相对强调内部成熟，还是强调外部环境强化。幼儿语言的获得理论主要有先天决定论、后天环境论、先天和后天相互作用论。这些不同视角的研究和理论，给幼儿语言教育实践带来了诸多启示。

（一）先天决定论

儿童语言获得的先天决定论者，强调人的先天语言能力，强调遗传因素对儿童语言发展的决定性作用，忽视甚至否定后天环境因素的作用和影响，与后天环境论争锋相对。这方面较有影响力的理论主要是先天语言能力说和自然成熟说。

1. 先天语言能力说

（1）先天语言能力说的基本观点。

先天语言能力说又称“转换生成语法说”，该理论主要是由美国麻省理工学院语言学教授艾弗拉姆·诺姆·乔姆斯基（Avram Noam Chomsky）在其《句法结构》（*Syntactic Structures*）一书中提出的。该书被认为是对20世纪理论语言学研究最伟大的贡献。乔姆斯基认为，每个儿童都具有内部的语言能力，这种能力是儿童头脑中的一部分。决定儿童说话的因素不是经验和学习，而是先天遗传的语言能力，这里的语言能力指的是语言知识，即普遍的语法知识（universal grammar，UG）——一种能使句法和语言形成的内在的、万能的蓝图。乔姆斯基的“语言获得装置”（language acquisition device，LAD）指的是语言能力的体现机制。乔姆斯基的理论在20世纪的语言学中享有重要地位，至今，他的理论仍然在语言学中具有相当的影响力。

乔姆斯基认为，儿童先天具有的“语言获得装置”中存在一套普遍的语法规则，这些规则通过一定的逻辑顺序，就能构成一系列可供选择的转换语法。当原始的材料（母语）输入该系统时，“语言获得装置”就将这些备用的转换语法与输入的结构进行比较和匹配，不断调整备用语法以便与输入的语法相吻合，并通过评价，把与母语相一致的语法确定下来，从而产生母语特定的抽象语法。因此儿童自身能运用母语的语法结构产生语言。根据乔姆斯基的理论假设，语法规则不是根据输入的语言材料归纳出来的，而是由“语言获得装置”中的普遍语法规则转换而来的。换言之，经由“语言获得装置”对语言输出材料的过滤和选择，使普遍语法转换成母语的语法，并运用这些语法实现深层结构向表层结构的转换，使有限的规则创造出无穷的句子，使儿童能听懂和说出从来没有接触过的句子。

乔姆斯基认为，普遍语法就是对人脑“语言获得装置”的“初始状态”及其结构的说明，是关于人类内化语言的理论，存在于一切人类语言之中。已经掌握一门语言的人都内在地掌握了一套规则系统，并由这套规则系统通过某种方式把声音和意义联系起来。儿童便是依靠这套天赋的内部规则系统，无须专门训练，在五岁左右时便熟练地掌握自己的母语。

先天语言能力说把儿童获得语言的过程描述为一个积极主动、充满创造性的过程。儿童获得的不是一句一句的具体的语言，而是关于语言的一系列规则。这一系列具体的规则，能够使儿童听懂他们从未听过的话，能够让儿童具有生成他们从未听过的语言的能力。儿童在获得语言的过程中所使用的特有的句法现象，就是儿童创造性的最鲜明的体现。

乔姆斯基并没有否认外部环境对儿童语言发展的作用。他认为，环境具有两种效应，即激发效应和塑造效应。前者是指“语言获得装置”的潜能必须在环境的作用下才能得到展开，后者是指引导儿童选择以哪种语言作为母语。根据乔姆斯基的理论，环境只是起到促进先天语音系统成熟的作用，而不是起到本质和决定性的作用。因此，儿童的语言不是后天获得的。

之后，语言学家麦克尼尔（McNeil D.）发展了乔姆斯基的“语言获得装置”理论。他指出，“语言获得装置”由两部分组成，其一是万能语言的前知识，其二是一套程序，这套程序能使儿童分析他们听到的语言，并从小样本的语言中分辨出规律。麦克尼尔进一步解释说，儿童不仅必须学习这些规律的外部结构，而且必须学习能够产生所有其他句子类型的基本结构。语言获得是一个译码和加码的过程，儿童必须获得为完成此过程进行转换的规律。

先天语言能力说认为，“语言获得装置”的活动有一个临界期，过了这个临界期，“语言获得装置”就会退化。所以，成年人学习语言的能力不如儿童，儿童之所以能在较短的时期内获得语言，就在于儿童处在这一临界期内，并运用了“语言获得装置”。像狼孩、猪孩等一些特殊的儿童，由于在临界期前没能使其“语言获得装置”发挥作用，当他们被发现之后，尽管人们为他们提供了学习语言的机会，还是不能再顺利地发展他们的语言能力了。

（2）先天语言能力说的主要贡献。

普遍语法理论是世界学术史上的一个里程碑，具有激进性和革命性，在世界范围内产生了巨大的影响。乔姆斯基理论现已渗透到心理学、人类学、哲学和计算机科学等诸多学科，很多研究因他的理论而蓬勃展开。不管是支持还是反对，人们都无法忽视他的理论。

在语言获得问题上，乔姆斯基对美国心理学家伯尔赫斯·斯金纳（Burrhus Skinner）的“刺激强化论”的批判，打破了美国心理学领域中行为主义一统天下的局面，具有划时代的意义。乔姆斯基虽然不是将语言学和心理学联系起来的第一位学者，但是他认为，语言是心理的窗口，人的心理活动虽然看不见，但可以通过语言反映出来，因此研究语法是研究心理的途径之一。他从探讨语言性质去阐明大脑的特性，这跟当时研究者的做法是相反的。乔姆斯基创建了一种体系，即将语言和语言使用者联系起来，用有关人类学的观点来证明有关语言学的观点，再用有关语言学的观点来证明有关心理学的理论。

（3）先天语言能力说的局限性。

在20世纪50—60年代，先天语言能力说的提出掀起了“儿童语言获得”研究的热潮，并震撼了美国语言学和心理学界，该学说被称为“语言学的革命”。先天语言能力说从根本上改变了行为主义的儿童被动模仿的观点，强调儿童获得语言的先天因素和儿童的主动性、创造性。这一学说对儿童语言获得过程中所出现的“过程概括”等现象给出了较为便捷的解释，因此是具有一定的理论价值和学术意义的重要学说。

目前，国外对语言习得和普遍语法的研究呈现出蓬勃发展的面貌。乔姆斯基本人多年致力于修正和发展自己的理论，不断推出新的见解。一方面他坚持自己的“先天论”立场，并提供新的证据；另一方面，他将语言知识与其他认知系统联系起来进行研究。乔姆斯基的理论有大批的追随者。随着研究的深入，乔姆斯基的理论不断得到新的解释、扩充和发展，但该理论自诞生起所受到的挑战和批评从未停止过。

虽然普遍语法理论一直处于调整和发展中，但始终是一种假设性的理论，至今仍无法得到很好的验证。乔姆斯基将语言当作一个封闭的体系来研究，将儿童语言习得过程中的社会环境的作用搁置一边，未免有些偏激。随着研究的深入，普遍语法理论将会面临更多的挑战和质疑。关于先天语言能力说的批评主要可归纳为以下几个方面：

第一，乔姆斯基的理论是思辨的产物。人脑中是否存在一个由语言普遍特征和先天的语言评价能力构成的“语言获得装置”，尚是一个无法证明的假设。乔姆斯基在其理论中只表明“语言获得装置”和普遍语法的存在，但没有提供生理解剖学上的依据，更没有对语言机制如何运作给予明确的回答。如果这些问题得不到解决，那么普遍语法理论的可靠性的确让人怀疑。

第二，先天语言能力说过分低估了后天语言环境的作用。乔姆斯基强调语言习得的先天作用，认为后天的社会环境作为一种“参数”只起到激发作用，这显然是对环境作用的忽视。事实上，影响语言习得的因素是多方面的，过分强调先天作用在当今时代显然经不起日益发展的各项研究的考验。

事实上，许多研究表明，儿童各阶段语言的发展，与成人与儿童交谈的语言成正相关关系。我们在研究成人同儿童交际的语言问题时发现，成人同儿童交谈的语言，在复杂程度上具有略微的“超前性”，成人对儿童的语言起着引导作用。

第三，史莱辛格对儿童生来具有“语言获得装置”这种普遍的语言范畴和规则提出了反证。史莱辛格让聋童看几幅内容不同的画：人把猴子给狗熊、狗熊把猴子给人、猴子把人给狗熊等等。他要求被试者用手语来表达画中的内容，目的是看这些对语言毫无所知的聋童是否具有一些最基本的语言范畴。实验结果表明，这些儿童的手语没有表达英语中的语法关系。聋童只是因听力障碍而不能获得有声语言，但他们的“语言获得装置”没有损伤。这说明儿童生来并不具有如乔姆斯基所说的普遍语法范畴。而且，如果儿童生来就具有这些范畴，就不会在获得语言的过程中出现儿童特有的语言想象，因为这些特有的语言想象并不合乎人类的普遍语法规则。

第四，先天语言能力说非常强调儿童自身在获得语言过程中的主动性和创造性，但既然人类生来就拥有一套现成的、可以规定本族语言如何理解和产生的普遍语法规则系统，就无须儿童自身再做什么探索和发现了。这无非是和行为主义相对立的另一个极端，否定了儿童在语言获得中的主动性和创造性。

乔姆斯基把儿童获得语言的过程看得过于容易。人的语言能力是儿童个体在与环境的相互作用中发展起来的。儿童在语言习得过程中掌握的是一套规则系统，而不是音素、词素和句法的机械组合，这套规则系统使儿童具有更高的效率，生成无限的语句，创造性地运用语言进行日常交流。因此，由于过于强调语言能力的先天性和忽视环境在语言习得过程中的重要作用，乔姆斯基的普遍语法理论的影响力已逐渐变小。

2. 自然成熟说

自然成熟说是由美国哈佛医学院心理学家埃里克·勒纳伯格（Eric Heinz Lenneberg）提出的一种儿童语言发展的理论。勒纳伯格的基本观点包括以下几个方面：

（1）语言能力的先天性。

1967年，勒纳伯格发表了他的重要著作《语言的生物学基础》一书。他指出，有六条标准可以鉴定一种能力是先天的还是后天的。这六条标准分别是：第一，这种行为在需要之前就出现了；第二，这种行为的出现不是主观决定的；第三，这种行为的出现不是靠外部行为激发的；第四，获得这种行为往往有个“关键期”；第五，直接教授和反复训练对这种行为的获得影响甚小；第六，这种行为的发展具有阶段性，通常与年龄和其他方面相关。勒纳伯格认为，如果某种行为同时具备上述六条标准，就可以说这种行为是与生俱来的。他的研究证明，儿童的语言行为完全符合这六条标准，因此可以说，语言获得行为是天生的。

（2）语言能力的自然成熟。

勒纳伯格和乔姆斯基等人一样，也赞成先天语言能力说。但是，他的理论基础是生物学和神经生物学。勒纳伯格把儿童语言的发展看作一个受发音器官和大脑等神经机制制约的自然成熟的过程。语言是人类所特有的，人类具有一种先天的、潜在的语言结构，有适合语言的生物学基础。他认为，语言是人类大脑机能成熟的产物，当大脑机能的成熟达到一种语言准备状态时，只要受到适当外在条件的激活，就能使潜在的语言结构状态转变成现实的语言结构。这样语言能力就能显露出现，儿童的语言也就逐渐发展成熟。勒纳伯格进一步认为，不同民族儿童的生理发展是相似的，所以其语言的发展过程和速度也是相似的。儿童生理的发展是由遗传因素决定的，语言获得是由先天遗传因素决定的。

(3) 语言发展的关键期。

勒纳伯格认为，语言既然是大脑功能成熟的产物，语言的获得必然有个关键期，这个关键期大约是从 2 岁开始到 11、12 岁。在他看来，儿童在发育时期的语言能力受大脑右半球支配。在成长的过程中，语言能力要从右半球转移到左半球，即发生大脑的侧化。侧化一般发生在 2～12 岁的关键期。儿童在大脑侧化之前，如果左半球受损，语言能力就留在右半球；如果在侧化之后左半球受损，就会导致儿童语言能力的丧失。

加拿大神经外科医生彭菲尔德（Wilder Penfield）的研究，也支持了语言发展的关键期说。彭菲尔德认为，人脑不是事先编好程序的计算机，而是活的、成长的、变化的器官。人类头部两边太阳穴的脑叶有一大片皮质，这片皮质在初生时是没有固定的职能的，到后来才变为专司语言和知觉的东西。可是到了 10～12 岁，人类大脑中的语言中心就固定在一个地方，再也转移不了了。

语言发展关键期学说可以解释为什么成人的语言学习能力不如儿童，以及为什么像狼孩这样的兽孩被发现之后，语言能力不能得到顺利发展。那么，语言的关键期究竟在几岁？关键期对于语言学习的影响究竟有多大？

勒纳伯格的自然成熟说和乔姆斯基的先天能力说有许多相似之处，他们都否定环境和语言交往在语言发展中的重要作用，他的潜在语言结构和现实语言结构与乔姆斯基的普遍语法和个别语法也较为相似。这种理论无法解释为何生活在不同语言社会的儿童会获得不同的语言系统，能听、能说不同的语言，也无法解释父母聋哑但本身听力正常的儿童为什么也学不会正常人的口语，而只能使用聋哑人的手语。

日本医生角田信男用了 15 年的时间，研究大脑的左右两半球对语言能力的支配问题。最终他发现，人类大脑两半球对语音刺激的支配方式是受人们所属民族语音影响的结果。他发现日本人和波利尼西亚人的左脑对元音和音节起支配作用，而其他民族则是右脑对元音起支配作用，左脑对音节起支配作用。这是因为日语和波利尼西亚语有一个共同点，即两者都有大量的词是单由元音组成或由两个或两个以上的元音与辅音组成的。在这些元音占优势的语言中，元音在识别单词和句子中的作用和辅音一样重要。因此，元音是在他们的左脑，即语言半球进行处理的。在日本人的语言中，与感情有关的声音是在左脑进行处理的，左脑这一半球对声音支配方式不同的原因，显然是听觉和语言环境而非遗传因素。这无疑是对“自然成熟说”提出的一个严重挑战。

（二）后天环境论

在对待儿童语言获得的问题上，以苏联生物学家、心理学家伊万·巴甫洛夫（Ivan Petrovich Pavlov）的条件反射和两种信号系统的学说、约翰·华生（John B. Watson）的行为主义学说作为其理论基础的学者，都比较强调后天环境的因素。这些学者关于儿童语言发展的理论，可以称为后天环境论。

一般来说，后天环境论者把语言看作一种习惯，否认或忽略儿童语言发展中先天的或遗传的因素。1942 年，美国心理学家、行为主义的创始人约翰·华生在《行为主义》一书中指出："不管语言如何复杂，正如我们平时所理解的，它起初是一种十分简单的行为，它是一种操作性的习惯。"

在行为主义看来，儿童掌握语言，就是在后天的环境中通过学习获得的语言习惯，语言习惯的形成，是一系列"刺激-反应"（stimulus-response，S-R）的结果。因强调的侧重点不同，以行为主义为理论背景的后天环境论者关于语言获得的观点而并不完全一致，其内部还可以分为模仿说、强化说和中介说三种。

1. 模仿说

模仿说认为，儿童是通过对成人语言的模仿学会语言的。成人的语言是刺激（S），儿童的模仿是反应（R）。模仿说可分为早期的机械模仿说和后天的选择性模仿说。

第一，机械模仿说。

机械模仿说是较早的行为主义理论，最早由美国心理学家阿尔波特（E. Albert）于1924年首先提出。机械模仿说把儿童的语言看作其父母语言的翻版，忽视儿童掌握语言过程中的主动性和创造性，因而是偏颇的。应当承认，模仿在儿童语言的发展中，有一定的甚至是比较重要的作用，但它却不能解释儿童语言发展过程中的一些根本问题和重要现象。自从乔姆斯基的转换生成语言学问世以来，人们大都同意这样的定义："语言是一个由无限多个句子构成的集合"，即任何一种语言的句子都是无限的。美国心理语言学家米勒（George Miller）指出，用20个英语单词可组合出无数个句子并进一步估算，儿童不可能在有限的时间内，通过机械地模仿学会由无限多个句子构成的语言。许多时候，儿童对成人的语言并不能很好地模仿。心理学家麦克尼尔曾提供过这样一个例子：母亲教孩子说"没人喜欢我"（Nobody likes me）这句话，但孩子总把它说成"Nobody don't like me"这种在英语语法上有错误的句子，母亲试图纠正儿子错误的说法但都没有成功。在汉语环境中，儿童的语言发展也可见到这类现象。中国现代心理学家朱曼殊等对一名20个月的儿童进行追踪研究时，每天向她提出"这个东西是谁买给你的"之类的问题，一连十几天，她的回答总是"这个东西是妈妈买给你的"。虽然每次都做纠正，但孩子总是不能把"买给你的"改正为"买给我的"。这些都是机械模仿说无法解释的。

第二，选择性模仿说。

机械模仿说在20世纪20—50年代很流行，但是随着乔姆斯基对该学说的批评而渐趋衰落。不过，也有一些研究表明，模仿在儿童语言发展中确实是有作用的，为克服机械模仿说的不足，不少学者对其进行了改造，进而提出了"选择性模仿"这一新的概念。

较早对选择性模仿进行较为系统论述的是怀特赫斯特（G. J. White Hurst）和瓦斯托（R. Vasta），他们考察了20世纪60年代和70年代初大量的相关研究，并在1975年合作撰写的《语言是通过模仿获得的吗?》一文中指出，儿童学习语言并不是对成人语言的机械模仿，而是选择性模仿。当儿童对某种语言想象具有一定的接受能力和理解能力时，就会对这种语言现象进行选择性模仿。选择性模仿是把示范句的语法结构应用于新的情景以表达新的内容，或将模仿获得的结构重新组合成新的结构。这样便产生了儿童自己的话语。怀特赫斯特等人把他们的这种理论表述为"理解、模仿、产生假说"。

和传统的模仿相比，选择性模仿具有两个特点：第一，示范者的行为和模仿者的行为反应之间具有功能性关系，即两者不仅在形式上，而且在功能上相似。因此，模仿者对示范者的行为不必是一一对应的临摹。第二，选择性模仿不是在强化和训练的情况下发生的，而是在正常的情境中发生的语言获得方式。模仿者的行为和示范者的行为之间的关系，在时间上不是即时的，在形式上也不是一一对应的。这样获得的语言既有新颖性，又有学习和模仿的基础。选择性模仿说，为“模仿”一词增加了新的内容，它所提出的语言获得方式是比较符合获得过程实际情况的，但也不是唯一的方式。

2. 强化说

强化说是行为主义最有影响的解释儿童语言发展的理论，这种理论在20世纪40年代和50年代初非常盛行。强化说以刺激-反应论和模仿说为基础，并特别强调“强化”在儿童语言学习中的作用，认为儿童是通过不断的强化学会语言的。强化说的主要代表人物是被称为联想派大师的美国心理学家、新行为主义创始人伯尔赫斯·斯金纳。

伯尔赫斯·斯金纳在其名著《言语行为》中，运用“强化”一词来解释各种言语行为，并提出了“自动的自我强化”这一概念。该概念是指儿童的模仿发音也会对儿童产生强化作用。伯尔赫斯·斯金纳在其后期著作《关于行为主义》（1974）中，又提出“强化依随”的概念。“强化依随”，是指强化刺激紧跟在言语行为之后发生，它有两个特点：第一，最初被强化的是个体偶然发生的动作。反应和强化只是一种时间上的关系，并非是有目的、有意识的行为。第二，“强化依随”是渐进的。当儿童对示范句模仿得有些近似时，就给予强化，再强化接近该句子的语言。通过这种逐步接近的强化方法，儿童最终学会了非常复杂的句子。

强化在儿童语言的发展中，无疑是具有相当的作用的。怀特赫斯特等在《语言是通过模仿获得的吗?》一文中，曾经概述了强化在儿童语言发展中起作用的许多研究。但是，强化毕竟只是影响儿童语言发展的一种因素，用它来涵盖所有的儿童语言学习想象，必定是片面的。而且，强化说是建立在刺激-反应论和模仿说的基础之上的，也不可避免地会带有刺激-反应论和模仿说的缺陷。

强化说对语言学界和心理学界曾发生过很大的影响，但从20世纪60年代开始受到越来越多的批判。如在乔姆斯基时代，强化说就受到了乔姆斯基等人的批判。这些批判可以归纳为以下几点：

第一，乔姆斯基认为，刺激、反应、强化等概念，是行为主义心理学家在实验室中通过对小白鼠等动物的实验得出的，人的语言行为必然不同于动物的行为。行为主义者把动物的行为与人的语言行为相提并论，用来解释儿童语言的发展，是不合适的。

第二，行为主义者把语言行为简单地看作一系列刺激-反应现象，只强调语言可观察、可测量的外部因素，并认为弄清楚了这些制约语言反应的变量，就可以预测人的各种语言行为。但实际上，语言行为十分复杂，既有环境因素，又有心理因素，还有大量的语言因素。这些并非都是可观察、可测量的，也不是简单的刺激-反应现象。比如，许多异形同义的词句会引起相同的反应，而同形异义的歧义结构，则是由一种刺激引起不同反应。这种修辞意义的学习，也绝非简单的刺激-反应论所能解释的。

第三，强化虽然是儿童学习语言的一种重要方式，但绝不是唯一的方式。语言的单位和规则是有限的，但是这些由单位和规则所生成的句子则是无限的。成人不可能对无限的句子一一做出强化反应。而且，在儿童语言发展的自然环境中，成人关注的是儿童语言内容的正确性，而不是语法结构的正确性。美国心理语言学先驱罗杰·布朗（Roger Brown）等人观察记录了成人和儿童的交谈情况，发现成人通常对儿童语言中的语法错误并不在意，而更关心语句内容的真实性。只要内容真实，即使语法错误，也会得到强化。在英语环境中，如一个3岁多的儿童对自己的母亲说“她是个女孩”（She a girl)，孩子的母亲回答“对的”（That's right)，其反应并没有纠正其语法上的错误。但当孩子指着灯塔说“这是一个养动物的农舍”（There's the animal farmhouse）时，虽然语法结构正确，但是内容不对，母亲却立即给予纠正。布朗的例子说明，成人对儿童语言行为的强化并不是完全合适的。人的语言具有其独特性，如创造性，儿童说出的话，也常常是形式上与成人的话相同，实际上却有它自己的含义。

3. 中介说

中介说又称传递说，是为解决传统的刺激-反应论的简单化缺陷而提出的一种改良主张。早在1935年，美国加利福尼亚大学心理学教授、行为主义的代表人物之一——汤勒曼（E. C. Tolman）就提出了“中介变因”的概念。后来，一批有影响力的心理学家和心理学语言学家，如莫勒（O. H. Mavrer)、斯塔茨（A. W. Staats）等人，把这一概念创造性地运用到儿童语言的研究中，形成了“中介说”。中介说在行为主义传统的“刺激-反应”的链条中，又增加了“传递性刺激”和“传递性反应”这两个中介。

斯塔茨在探讨一个人的语言如何形成时说，一个词或一句话都可以具有刺激的性质，可以诱发条件反应。比如，听到“他病了”，就会联想到“他躺在床上”、“他去看医生”或“他打针吃药”以及猜测他生病的原因等。这种隐含的反应又可以成为新的刺激，再做出新的反应。在外显的刺激和反应中间，有一系列因联想而引起的隐含的刺激和隐含的反应所构成的中介体系。这种中介体系说明了刺激和反应的传递性。

莫勒曾经指出，在“汤姆是个小偷”（Tom is a thief）这个句子中，“小偷”（thief）这个词，能产生关于小偷的性质的联想，而这种联想，又会引起看管好自己的钱包之类的反应，并且这一反应又会传递给“汤姆”（Tom)，即当人们听到“汤姆”这名字时，就会做出类似于听到“小偷”时的各种反应。

中介说在刺激与反应之间加上了传递性刺激和传递性反应的中介，以此来解释客观环境怎样通过语言作用于人，语言怎样表现当时当地的事物，新的语言又怎样创造出现并被理解等，都是传统的刺激-反应论所不能解释的问题。中介说还进一步解释儿童是怎样通过一系列的刺激-反应链条学会语言的，这是一大进步。但是由于中介说并不愿放弃刺激-反应这一基本的理论模型，因而还是有许多不能自圆其说的地方。正如当代美国心理语言学家福多尔所批评的那样：

> 传递性反应不一定是在刺激的作用下直接产生的。很多人在没有看见过小偷之前，就能从间接经验中获知小偷是什么角色。
>
> 传递性反应也不一定能够成为隐含的刺激来引起新的反应。比如，如果人们不相信“汤姆是小偷”是事实，就不会对这句话或者是“汤姆”这个名字产生中介说所说的那种反应。
>
> 在“汤姆是小偷”这句话中，为什么对于“小偷”的反应会传递到“汤姆”身上，中介说没有从句子的本质上给予解释。

一般认为，行为主义框架下的后天环境论，是一种过时陈旧的理论。但是从以上的讨论中可以看到，这些理论中也包含许多合理的成分，对其一概否定并不是科学的态度，而且这一类型的理论也在自己的研究和他人的批评中不断地修正和发展，由机械模仿说到选择性模仿说和强化说，再到中介说，都不断增加一些新的内容，为这一传统学说注入新的活力；一些新形成的学说，也从中汲取了许多营养。

（三）先天与后天相互作用论

无论是先天决定论还是后天环境论的观点，都具有一定的局限性和偏激性。以皮亚杰为代表的一派提出先天与后天相互作用论，他们主张从认知结构的发展来说明语言发展，认为儿童的语言能力仅仅是大脑一般认知能力的一个方面，而认知结构的形成和发展是主体和客体相互作用的结果。

1. *皮亚杰的认知说*

相互作用论者以皮亚杰的认知说为理论基础，认为儿童的语言发展是主客体相互作用的结果。皮亚杰将语言看成人与环境之间交互作用的结果，是一个顺应和同化的适应过程。他将幼儿期分为几个发展阶段，每个阶段都有某些类型的语言和行为特征。皮亚杰认为语言发展是与幼儿逻辑思维能力、判断能力和推理能力的发展齐头并进的，语言发展水平能够反映这些能力的发展水平。然而，当幼儿机体内部发生变化时，他就会与环境发生交互作用，在下一个发展阶段之前，将各种因素吸收到自己的内部结构之中。根据他的理论，幼儿语言发展是由遗传、成长和经验共同作用的结果。

认知说的基本观点主要包括以下四个方面：

第一，语言是儿童许多符号功能中的一种。符号功能是指儿童应用一种象征或符号来代表某种事物的能力。语言同延迟模仿、象征性游戏、心理表象等功能一样，都出现在感知运动阶段的末尾，即在1.5～2岁之间。儿童在开始发出语音时，是把一个事物的“名称”当作它不可分的一个部分来对待的，随后发展到能用词语陈述那些当时不在眼前的事物，能把作为符号的词语和被标志的事物加以区分，再把它当作事物不可分的一部分，就开始有了语言。

第二，认知结构是语言发展的基础，语言结构随着认知结构的发展而发展。由于儿童的认知结构发展顺序具有普遍性，相应地，儿童的语法结构发展顺序也具有普遍性。

第三，个体的认知结构和认识能力是不断发展的，它来源于主客体之间的相互作用。主体作用于客体的活动，动作是一切知识的源泉。皮亚杰派认为人的活动最初来源于一些本能的动作，如幼儿的吮吸和抓握等。这些单个动作逐渐协调起来就构成动作的结构，幼儿一旦产生动作习惯，马上就会利用这个习惯去发现周围事物，出现吃手指、脚趾，咬衣角等动作。他们吃一切能被他们抓到的东西，皮亚杰认为这就是同化。

第四，儿童的语言结构具有创造性。皮亚杰认为，儿童不是通过被动模仿来掌握遣词造句的规则，他们在造句中不仅有概括性的同化作用，还具有创造性。

皮亚杰学派从主客体之间的相互作用来说明儿童认识能力和语言能力的发展有其合理的地方。但在他们过分强调认知发展是语法发展的基础时，必然要遇到认知发展和语言发展的关系是否是直接影响和单向影响等难题。

认知说虽然是当前儿童语言学中较有影响的理论，但是，这种学说由于不是专门为解决儿童语言获得提出的，所以尽管有斯洛宾等人的创造性的应用和发展，但是要真正弄清楚儿童认知水平的发展与语言结构的发展之间的关系，还需要做大量的工作。而且这两种发展是否平行，还缺乏足够的证据。语言发展受诸多因素的影响，过分强调认知这一个因素，未免有些太片面。因此，认知说只强调认知发展对语言发展的影响，而忽略乃至否定语言发展对认知发展的影响，这种“单向”影响的看法，也已经受到越来越多的批评。

2. 维果茨基的建构主义理论

苏联教育家维果茨基（Lev Vygotsky）在幼儿语言发展方面所持有的观点在许多方面都与皮亚杰有共同之处。但是，他不同意皮亚杰所认为的语言和思维是同一过程，相反，他认为在幼儿的早期，语言和思维是独立发展的，两者并不对应。尽管两条发展曲线是交叉的，有时可能会变成直线而齐头并进，甚至有时会合并成一条直线，但是它们始终是分开的。

维果茨基阐述了儿童个体发展上的思维和言语问题。维果茨基认为，在儿童言语发展过程中有一个前智力根源，也就是说，儿童的哭叫、牙牙学语，或者说出的第一个词语，是与思维发展没有关系的“言语”发展阶段的现象。儿童的这些表现，是一种以情感为主的表现形式，具有发泄和社交两种功能。维果茨基认为，儿童到了两岁左右的某一阶段，思维和言语发展的曲线就会出现汇合，言语开始为思维服务。在这一开始用言语表达思维的阶段，儿童对词语有主动的好奇心，儿童的词汇量也迅速扩展，有了说话的需要，渴望通过提出问题学会表达事物的语言符号。

维果茨基把儿童语言的发展过程分成四个阶段。第一阶段是原始或自然阶段。这一阶段语言是以原始形式出现的，因为它们是在行为的原始水平上逐渐形成的。第二阶段是幼稚的心理阶段，这一阶段类似于幼稚的物理表现。儿童有了关于事物的物理特征的经验，并将经验运用到了工具使用方面，首次表现出实际的智力，特别是在语言发展方面，儿童在尚未形成理解语法形式和结构所表达的逻辑运作以前，已能正确使用若干言语。第三阶段是外部符号阶段，其特征是有了外部符号。这是在解决内在问题时作为辅助手段的外部动作。第四阶段为内部生长阶段。在这一阶段，外部运作向内部转化，开始运用内部的联系和符号，也就是内部的、无声的语言阶段。而且，内、外部运作之中有不断的相互作用，并发生形式间的相互转换。

维果茨基区别了两种发展，即自然发展和文化发展。前者与儿童机体发展和成熟紧密关联，后者可以根据文化经验、文化行为和思考方式进行把握。

3. 规则学习说和社会交往说

当前一批学者的研究倾向是博采众长。他们承认语言发展受到先天的、后天的多种因素的影响，这些先天的能力和社会的、认知的、语言的诸因素是相互依赖、相互作用的，是互为因果的。而且他们认为，语言发展在很大程度上是语言规则的获得。

在对各种理论兼容并蓄和发展创新的过程中，由于吸收的方式和强调的重点不同而表现出不同的倾向。这两种不同的倾向可以用“规则学习说”和“社会交往说”来概括。

第一，规则学习说。规则学习说是在乔姆斯基和行为主义的双重影响下形成的一种儿童语言发展理论。这一理论的提出者和赞同者主要有布朗、弗拉瑟和伯科等学者。

规则学习说认为，儿童具有一种理解母语的先天处理机制，但是，这种机制主要是一种学习和评价的能力，而不具有如乔姆斯基所说的语言普遍特征。儿童学习母语是一个归纳的过程，而不是一个演绎的过程。儿童有先天的语言处理机制，通过对语言输入的处理归纳出母语的普遍特征和个别特点。

儿童的语言学习主要是对规则的学习。因此在儿童语言发展的早期，还有许多过度概括的显现。对规则的归纳，凭借的是工具性的条件反射，是刺激-反应的学习过程，是先天因素同后天因素的相互补充和相互影响的过程。

规则学习说同行为主义的最大不同，是它强调儿童在语言学习上有先天能力。它与乔姆斯基学说的最大不同，是认为在儿童学习语言的先天能力中，不包括语言的普遍特征，语言学习是一种在先天能力参与下的条件反射，对语言的学习是归纳的而不是演绎的。

第二，社会交往说。社会交往说是布鲁纳、贝茨等学者的理论主张。他们认为，语言获得不仅需要先天的语言能力，也需要一定的成熟生理和认知的发展，更需要在交往中发挥语言的实际交际功能。因此，他们特别重视儿童与成人语言交往的实践，并认为儿童和成人语言交际的互动实践活动对儿童语言的发展起到决定性作用。

社会交往说还认为，社会交往几乎可以看作儿童的一种天性。儿童在会说话之前，就已经能够用体态与成人交际，并听懂一些成人的话语；在单词句和双词句阶段，儿童以语言、体态或者是体态语言相结合的方式作为交际手段，最后过渡到可以完全用语言进行交际。

规则说和社会交往说是比较有前途的理论。但是，由于这两方面的研究工作还没有全面展开，所积累的材料有限，所以其学说的系统性还不够，还须进一步完善和发展。

二、儿童的语言发展

儿童语言发展指的是儿童对母语的理解和表达能力发展的总和，主要指学前儿童（从出生时起到学龄前这一阶段的儿童）口语和书面语的发展。儿童语言的发展包括对语音、语义和语法的理解和表达能力的发展，还包括语言运用能力的发展。

儿童对语言的掌握是一个连续发展的、从量变到质变的过程。幼儿语言的发展受生理机制成熟和认知能力发展的双重制约，呈现出特定的发展顺序和发展阶段。3～6 岁儿童语言发展的主要任务是口语的发展，3 岁左右的幼儿已经基本掌握了本民族的口语，而口语的发展主要体现在语音、词汇和语法等方面的发展。随着年龄的增长，3～6 岁幼儿口语的发展也随之发生变化，呈现出与之前阶段不同的特点。了解幼儿语言发展过程及其特点，是制定语言教育目标的依据，也是探讨语言教育规律的依据。

（一）儿童语音发展的主要特征

语音是幼儿口语发展的第一个方面。学前儿童期是语音可塑性最大的时期。心理学研究发现，3～4 岁是语音发展最为迅速的时期，4 岁以上的幼儿一般能掌握本民族的全部语音。幼儿的语音发展在 3～4 岁前后表现出不同的发展趋势，即从不会发音节清晰的语音，到逐渐学会发出越来越多的语音。随着发音器官的成熟，大脑机制的完善，幼儿语音的发展也逐渐稳定和完善。4～6岁儿童学习语音的发展趋势逐渐趋向平缓。儿童在掌握母语的语音后，语音逐渐定型，再学习其他语言的语音时就会出现困难。因此，儿童在3～4岁之前很容易能够学会世界各民族语言的语音，之后再学习第二语言就比较困难。而且年龄越大，学习第二语言就越容易受第一语言的干扰。总体而言，3～6岁幼儿语音发展呈现以下四个特征：

1. 发音水平随着年龄的增长而逐渐提高

我国学者刘兆吉等人对于3～6岁幼儿的语音发展的研究发现，4岁儿童不论是声母还是韵母的发音正确率都高于3岁儿童；城乡儿童发音正确率存在差异，城市儿童的发音正确率高于农村儿童。另外，还有关于十省市儿童语音发展调查研究发展，4岁儿童发音正确率为32%，5岁儿童发音正确率为57.7%。这些数据都表明儿童的发音水平随着年龄的增长而逐渐提高，这与每个年龄段儿童发音器官的完善程度以及儿童所处的语言环境有很大关系。因此，这个阶段儿童的发音水平也存在较大的个体差异，有些儿童6岁时发音仍然存在不准的现象。所以，在进行语言教育时就需要采取针对性的措施，促进儿童的语音发展。

2. 与韵母相比，儿童声母的发音较困难，错误较多

研究发现，3～6岁儿童在声母发音时错误率较高，韵母的发音相对较为准确，水平较高，但是后鼻音eng、ang、ing容易与en、on、in相混淆。研究者认为，其原因和这个年龄段的儿童生理特点有关。不同声母的发音，要求唇、舌、齿等部位产生细微且有区别的变化，而3岁儿童还没有掌握声母发音部位的发声方法，生理不够成熟，不能恰当地支配发音器官。

3. 儿童发音受语言环境的影响

史慧中等研究者通过对十个省市儿童语言发展的调查研究发现，当地语言的发音习惯对学前儿童的发音有影响，儿童跟读成人发音的正确率高于儿童自动发音的正确率。另有研究发现，城市和农村儿童发音水平的差异主要是由于语言环境的差异造成的。这表明，儿童语言的发展不仅受自身生理条件的制约，也会受到外界环境的影响。尤其是在语音发展最为迅速的3～4岁这一时期，外界环境对儿童发音的影响非常大。儿童语音的发展会受到当地方言的影响。

4. 4岁儿童基本掌握本民族的全部语音

随着儿童年龄的增长，生活范围逐渐扩大，3岁后儿童游戏和学习等活动也开始增多。因此，儿童交际范围逐渐扩大，语音也得到迅速发展，对本民族口头语言的掌握逐步熟练与完善，4岁时儿童基本上能够掌握本民族的全部语音。

学前儿童的语音发展过程有语音扩展和语音收缩两种趋势，分别发生在儿童语言发展的不同时期。儿童从不会发音、发不清楚语音到能够发出越来越多的语音，就是发生在语音扩展的时期。3～4岁是儿童发音学习最为容易的时期，有研究者认为，这个阶段的儿童是“国际公民”，他们很容易学会世界上任何一个民族的语言。4岁以后儿童一旦掌握母语，在学习其他的语音时就会出现困难，年龄越大困难就越大。研究者认为，学习第二语言的语音受到第一语言语音的影响，这是因为4岁以后为语音收缩时期。因此，在实施语言教育时，要有针对性，并要特别注意3～4岁儿童的正确发音。

(二) 儿童词汇发展的主要特征

词汇是指词的总汇，是语言的基本组成部分。幼儿在语言发展过程中，要学习和掌握社会上通用的词汇。儿童对词汇的掌握程度直接影响其语言的发展。如果没有足够的词汇量，儿童就很难表达自己的意愿，也会在与其他儿童的交往沟通方面存在困难。

一般来说，学前儿童只掌握基本的词汇，主要表现在词汇数量的增长、词类范围的扩大，以及对词义理解的确切和加深等方面。幼儿词汇的发展主要具有以下三个方面的特征：

1. 词汇数量不断增加

儿童词汇量随年龄的增长而不断增加。研究表明，3～6 岁是儿童词汇量增加最为迅速的时期。在 20 世纪 90 年代初，我国心理学家曾对 10 个省市 2 000 余名学前儿童掌握的词汇量进行研究统计，结果表明，3～4 岁儿童常用词有 1 730 个，4～5 岁儿童的常用词有 2 583 个，5～6 岁儿童的常用词有 3 562 个。从研究数据中可以发现，4～5 岁是儿童词汇量发展的活跃期，这个阶段的词汇量增加最快。另外，由于每个个体生理条件以及生存环境等方面的原因，词汇数量的增加还存在个体差异。词汇量的多少是衡量一个人智力发展水平的标志之一，因为词和概念是不可分的，概念是用词来表示的，一个人掌握的词汇越多，说明这个人掌握的概念也就越多。对于儿童而言也是如此，儿童智力发展水平常常可以通过其词汇量的多少表现出来。

2. 词类范围不断扩大

随着年龄的增长，儿童掌握的词汇数量不仅显著增加，而且词汇的种类范围也会不断扩大。一般而言，词汇量只能从数量方面体现儿童词汇的发展，词类的范围则可以在一定程度上说明儿童词汇的质量。这是因为在词汇中不同的词类抽象概括程度不同，以实词和虚词为例。实词是指意义比较具体的词，包括名词、动词、形容词、数量词、代词、副词等，虚词则是指意义比较抽象的词，一般不能单独成为句子，虚词包括介词、连词、助词、叹词等。总而言之，实词代表比较具体的事物，虚词的意义则比较抽象。如果从数量方面来看，在学前儿童的词汇中，实词的数量很大，虚词的数量则相对很少。但是从质量方面来看，儿童对虚词的掌握程度，如对于表示转折关系的连词“却”“虽然”“但是”“然而”，对于表示因果关系的连词“原来”“因为”“由于”等词汇的掌握与使用，却往往更能体现出儿童语言和智力发展的水平。

关于学前儿童词类掌握水平的研究表明，儿童先掌握实词，后掌握虚词。其中实词中最先并且大量掌握的是名词，名词在儿童词汇中所占的比例最大，3～6 岁儿童的词汇量中名词占主导地位，大约占儿童词汇量的 51%左右。动词在儿童的词汇量中占第二位，约为 20%～25%。第三位是形容词，约占 10%以上。儿童对其他实词如副词、代词、数次，虚词如连词、介词、助词、语气词等词汇的掌握较晚，并且在儿童的词汇中所占的比例也较小。从年龄的增长情况来看，各类词在不同年龄段儿童的词汇量中所占的比例也存在差异。据史慧中等人的研究，3～4 岁儿童实词的增长速度较 4～5 岁时期迅速，而虚词则在儿童 4～5 岁时增长较为迅速。该研究认为，4～5 岁是儿童词汇丰富的活跃期，而 5～6 岁则是儿童语言表达能力迅速提高的时期。

随着年龄的增长，儿童生活范围的逐渐扩大，思维能力逐渐发展，其所获得的名词量也迅速增长；不仅具体名词的范围扩大，同一类词的内容也在不断扩大，出现了抽象名词。儿童语言发展中名词发展的突出特点表现为：第一，具体名词的发展早于而且快于抽象名词的发展。据史慧中的研究，3～6岁儿童所掌握的具体名词比例在80%以上，而抽象名词比例则在20%以下。第二，儿童掌握较早较多的是与他们日常生活关系密切的词语，如名词中使用频率最多的是日常生活用品类、日常生活环境类、人称类和动物类名词等等。第三，抽象名词随着儿童年龄的增长，观察、认知和思维水平的发展而逐渐增多。在表示自然常识的名词中，儿童掌握最多的是动物名词，其次是植物名词，再次是表示自然现象的名词。

从儿童的动词掌握情况来说，反映人物动作和行为的动词，如“看”“听”“说”“笑”“跑”“跳”“吃”“喝”等动词占80%左右；趋向动词，如“上”“下”“进”“出”“回”“来”等动词占8%左右；心理动词，如“想”“爱”“恨”“怕”“喜欢”“讨厌”等动词占5%左右；存现动词，即表示事物存在状态、增减变化和出现消失的词汇，如“在”“有”“发生”“出现”等动词占5%左右。

形容词是学前儿童使用较多的词汇种类之一，在儿童词汇量中位居第三。儿童使用形容词的数量是随着年龄增长的，且在4岁以后出现迅速增长的趋势。形容词的迅速发展，是儿童句子复杂化的一个标志，也是儿童对事物的认识迅速发展的一个标志。从年龄上看，儿童最早使用的形容词是用来描述物体特征的，大约发生在2岁时，其次是在2岁半时开始使用“饿”“饱”“痛”等关于机体知觉的形容词，再次是在3岁时开始使用描述动作和人体外形的形容词，最后才是描述个性、品质、表情、情感以及事件、情境的形容词。从使用频率上看，物体特征的形容词使用率为最高，占32.89%，其次为描述动作的形容词，占29.57%，人体外形的形容词占25.71%，机体知觉的形容词占29.76%，描述个性品质的形容词占13.33%，描述表情的形容词占12.44%。使用频率最低的是描述事件情境的形容词，占5.89%。这些研究结果表明，形容和表达外显性特征的词汇更容易被儿童所认识和习得。

此外，儿童对各类词汇的使用频率也是不同的。使用频率最高的是代词，其次是动词和名词。儿童大量使用代词与儿童的思维有一定的关系，这一时期儿童的思维经常是围绕自我展开的，所以儿童使用的句子中有33%以上都带有人称代词“我”字。这是因为儿童常常不会说出事物的确切名称，所以用代词而不是名词。另外，由于这一时期儿童说话多是在一定的具体环境下对着具体的人进行的，因而也具有使用代词的良好条件。

3. 对词义的理解不断确切和深化

随着年龄的增长，3～6岁儿童对于词义的理解也会不断深化。同一个词，不同年龄段儿童的理解不同，这与儿童心理发展水平，尤其是儿童的思维发展水平密切相关。儿童对于词义的理解呈现从笼统到确切、再到深化的趋势，这基本上遵循了儿童思维发展的一般规律。

儿童对词义理解的特点和知觉、动作在词义理解中的作用有关。确切地理解词义，与词的概括性的增加有关。随着对词义理解的确切和加深，儿童不仅能够掌握词的一种意义，而且能够掌握词的多种意义；不仅能掌握词的表面意义，还能掌握词的转义。儿童掌握的词义越是丰富和深刻，运用该词的积极性就越高。这时，词汇就从消极词汇转变为积极词汇，积极词汇的数量也会逐渐增加。

（三）儿童语法发展的主要特征

语法是有一系列语法单位和有限的语法规则构成，是语言最为抽象的基础性系统，是语言的民族特点和一个人的语言能力最为基本的表现。儿童在学习语言的过程中，不仅要掌握一定的词汇，还需要掌握一定的语法。儿童学习语言的过程，也是掌握语法的过程。由于儿童所处语言环境和自身发展速度等各方面的原因，儿童在语法方面存在一些差异，但是有一个基本相同的发展趋势和特点，主要表现在以下三个方面：

1. 句型逐渐完整

2 岁前幼儿掌握的句子不完整，主要以单词句和多词句为主。2 岁后儿童掌握的句子随着年龄增长逐渐变得完整，直到 6 岁，98%以上的儿童能够使用完整的句子。不完整句主要包括单词句和多词句，而完整句主要包括简单句和复合句、陈述句和非陈述句、无修饰句和修饰句。学前儿童使用完整句的能力也有了发展。

第一，从简单句到复合句。简单句指句法结构完整的单句。儿童在 2 岁左右开始使用单句，随着年龄的增长，到 2 岁半左右开始说出复合句。复合句是指由两个或两个以上的单句组合而成的句子，结构相对复杂。在学前期，儿童掌握的复合句相对较少，比例不大。到学前晚期，比例仍然在 50%以下。

第二，从陈述句到非陈述句。儿童最初掌握的是用来表示具体事物或现象的陈述句。在整个学前期，儿童使用的句型以简单的陈述句为主，占全部语句的 2/3 左右，而非陈述句的使用则较少，如祈使句和疑问句等。

第三，从无修饰句到修饰句。儿童最初说出的句子是没有修饰语的，只是说简单具体的事物，比如“宝宝画画”“小猫叫”等。2～3 岁时，儿童偶尔会说出带有一些类似修饰语的句子，比如“大灰狼”“小白兔”等。但是，他们实际上常常把修饰词和被修饰词作为一个词组使用，在他们的心目中，“小白兔”就是“兔子”，不管它是大是小，是白色还是灰色。所以有时候儿童的语言中会出现“灰色的小白兔”这样的说法。

朱曼殊等学者认为，2 岁半儿童的句子已经开始出现一定数量的简单修饰语，如“两个娃娃搭积木”。3 岁儿童的句子已经开始出现复杂修饰语，如“我玩的积木”。总体而言，2 岁儿童运用修饰语的比例为 20%左右，3～3 岁半是复杂修饰句数量增长量最快的时期。4 岁儿童所说的句子中修饰语句开始占明显优势，到 6 岁时修饰句的比例会达到 90%。

2. 句子结构逐渐分化

3～6 岁这一阶段的儿童对句型的掌握和使用逐渐复杂，句子的结构也开始从混沌一体到逐渐分化，主要表现在以下三个方面。第一，句子表达内容的分化。2～2 岁半的儿童通常会边做动作边说话，用动作来补充他们语言中所没有或不能完成表达的意思。到了 3 岁儿童句子表达的内容开始分化；第二，词性的分化。最初，儿童运用词语不分词性，经常将动词和名词混用，3 岁后儿童的句子中逐渐分化出名词和动词等词性；第三，句子结构层次开始分化。儿童最初使用的句子是不分主谓语的单词句或多词句，随着年龄的增长，儿童开始掌握和使用结构层次分明的句子。

3. 句子含词量不断增加

随着年龄的增长，儿童使用的句子中词汇量也在不断增加，句子的长度有延伸的趋势。儿童最初使用的是只含有一个词的单词句，随后开始出现多词句。3 岁后儿童句子的含词量不断增加。研究表明，3～4 岁儿童以使用含有 4～6 个词的句子为主，4～5 岁儿童以使用含有 7～10 个词的句子，有时候会出现含有 11～16 个词的句子。一般而言，儿童在学前阶段使用 3 个词以下和 16 个词以上句子的情况很少见。

第三节　幼儿的语言教育

一、幼儿语言发展的影响因素

儿童语言的发展，是生理因素、语言因素和环境因素相互作用的结果。这些因素在不同的语言发展时期，有不同的影响。健全的生理机制是影响儿童语言发展的首要条件，心理因素和环境因素也起到非常重要的作用。

（一）生理因素

生理因素对幼儿语言发展的影响主要体现在语音方面。发音器官、听觉器官等发育情况影响幼儿的语言类型以及语言发展的速度。另外，不同性别的儿童在语言发展方面也会表现出差异。

生理学家研究发现，幼儿发音器官运动的顺序是唇—舌。舌的运动首先是舌尖和舌根，然后是舌面。而在幼儿的发音中，唇辅音和鼻辅音的出现早于舌辅音，舌辅音中的舌面音最晚，与发音器官运动发展顺序是相一致的。幼儿的语音听辨能力与听觉器官的发音状况有直接关系。语音听辨能力也因听觉器官的发育状况而存在差异。

人类的发音器官刚出生时是非常不成熟的，随着年龄的增长才逐渐完善和成熟。幼儿发音器官运动的发展经历了从单一运动到复杂运动的过程。

另外，在现实生活中有些儿童虽然能较早地听懂大人说的话，但是自身开口说话较晚，这可能与他们舌头肌肉的发展有关系。家长在遇到这种情况时，一定要冷静处理、耐心等待。发音器官的成熟与否对幼儿早期的发音顺序有着至关重要的影响。

（二）心理因素

心理因素对幼儿语言学习的影响，比较早地受到人们的重视，相关研究也很多。在心理因素中，影响幼儿语言学习最重要的是大脑的认知能力。

语言能力是受一般认知能力制约但又有自身特殊性的认知能力，语言能力是建立在对语言内容的理解基础之上的。皮亚杰及其追随者强调认知能力对幼儿语言发展的单向作用虽然片面，但语言能力受认知能力的影响这一观点是毋庸置疑的。例如，通过感觉器官，幼儿能分辨出物体的长短、大小、高矮、宽窄等；理解到什么是高低、上下、内外、前后、左右等；通过听觉辨别出哪些是人声、动物声、音乐声、各种物体的碰撞声等。

幼儿语言随其认知能力的发展而发展，而语言发展得当，也会促进思维的发展。幼儿思维发展的核心是概念体系的形成和丰富，而幼儿建立典型词语库的过程，正是幼儿建立概念的过程。如果儿童对环境中事物的属性有了基本的概念，当他掌握到相应的词汇时，便可以用语言进行沟通了。

幼儿最初是通过直接感知来了解周围世界的，他们用眼睛看，用鼻子闻，用耳朵听，用手摸，甚至通过拆卸、敲打等动作来了解事物的各种特征，如事物的颜色、形状、声音、质地、结构、功能等。如果事物不在身边，幼儿就很难了解事物的特点。这说明幼儿语言是随幼儿认知发展而发展的。不过，当成人开始用语言向他们描述周围世界时，儿童就能通过语言的学习拓展对世界的认识，即儿童语言的发展会反过来促进儿童思维水平的提高。因此，我们在对幼儿实施语言教育时，应按照幼儿的认知规律和语言构词的基本规律建构幼儿语言教育体系，通过发展幼儿的认知来促进幼儿语言的发展，同时通过丰富幼儿的语言来促进幼儿认知的发展。

除了认知因素外，其他心理素质也会影响儿童的语言学习和发展，如个性品质的差异。一般来说，性格外向、喜欢与人交往的儿童，语言发展的速度较快，这是因为个性外向、自信、善于交际的儿童对周围人的言行比较注意，常常会自觉或不自觉地加以观察和模仿，因此就能争取到很多语言学习和表现的机会，而个性内向、胆小害羞的儿童容易失去很多语言学习和表现的机会。

（三）环境因素

环境因素对幼儿语言学习和发展的影响主要体现在家庭环境和社会环境两个方面。随着儿童年龄的不断增长，生理因素对儿童语言发展的影响逐渐减弱，其他因素逐渐增强，尤其是环境对幼儿语言发展所起的作用越来越大。

1. 家庭环境的影响

家庭环境是儿童最早接触的环境，也是最自然的生态环境。儿童身在家庭环境中会受到不同程度的影响，这种影响也是在潜移默化中产生的。家庭生活质量、家庭活动的多样性以及家庭的教育条件、教育态度等都对儿童语言的发展起到一定的作用。学前教育研究学者周兢教授在对汉语儿童语用发展的研究中发现，高等教育背景家庭中的儿童和较低水平教育背景家庭的儿童在言语倾向、言语行动和语用发展三种水平上的评价指标均存在一定的差异。

2. 社会文化环境的影响

儿童都是在特定的社会文化环境中获得语言的。社会文化环境是由物质的、精神的、家庭的和社会的诸多因素交叉组合而成。这些因素都会对儿童的语言发展产生直接或间接、巨大或细微的影响。

华东师范大学心理学教授武进之等人对不同地区幼儿使用形容词的研究表明社会文化环境对儿童语言发展的影响。例如，云南的哈尼族生活在山区，哈尼族儿童对于“陡”这个形容山势的形容词，比汉族的城市儿童要掌握得早；四川、湖南等地以食辣椒而著称，这两个地区的儿童对于“辣”这个词的掌握，要比其他地区的儿童早一年或一年半。研究还表明，由于各地的方言习惯不同，儿童语言的发展也有所不同。比如“皮、顽皮、调皮、淘气”这组同义形容词在各地使用的习惯上有差别，儿童在学习这些形容词时也会表现出较大的差异。上海地区3岁半的儿童会使用“皮”，5岁半的儿童会使用“顽皮”；在四川、广东、湖南和福建，4岁半、5岁半儿童分别会使用“调皮”一词；北京地区3岁半的儿童会使用“淘气”一词，但是对于其他几个形容词，6岁半的儿童会使用的还没有超过半数。此外，研究还发现儿童对于“咖啡色”“棕色”，“冷”“凉”的使用，也反映出方言因素的影响。

3. 语言观念的影响

语言观念是指人们关于语言的一系列态度和看法，如口语和书面语的地位，民族语言和方言的地位，对本族语和外语的情感等。成人的语言观念对于幼儿的语言学习具有一定的影响。有研究通过对比中国和外国不同国家儿童语言的发展，发现幼儿使用词汇的种类以及先后顺序与当地的文化有较高的相关性。东西方国家对待口语和书面语的态度不同，导致我国儿童和西方儿童在口语和书面语的发展上存在一些差异。

二、幼儿语言教育的措施

（一）儿童的语音教育

学前期是幼儿语音发展的关键期，这一阶段幼儿的语音发展水平直接关系到以后的语言发展。因此，教育者要抓住这个重要时期，采取有效的教育措施，促进儿童语音正确全面地发展：

第一，提供正确的语音示范，指导儿童进行发音练习。模仿是学前儿童学习语音的重要方式和途径，因此，模仿对象的发音将直接影响学前儿童的语音发展。正确的语音示范是儿童学习正确发音的重要方法。成人在与儿童对话时，应该坚持用标准清晰的语音，除此之外，在语音示范的过程中，成人应该耐心观察每个儿童的发音，及时有针对性地指导儿童的发音。

第二，通过游戏等多种活动加强儿童的发音练习。活动是儿童学习的主要途径，通过游戏活动练习发音可以降低儿童学习的难度。儿童在幼儿园的活动是多种多样的，游戏是基本形式。教师可以通过组织游戏加强儿童的发音练习。需要注意的是，教师在选编游戏时，要根据每个年龄段儿童发展的特征指导儿童的发音。

第三，抓住生活中的教育契机，纠正儿童的错误发音。这一阶段的儿童处于说话积极、语音发展最为迅速的时期，语言交流的愿望很强。这一特点有利于儿童语音的练习。但是，儿童在积极说话的同时也会出现很多错误，如果不及时纠正就会对儿童以后语言的发展产生不良影响。这就需要成人细心观察，抓住生活中的教育契机，及时纠正儿童的错误发音。成人的教育方式应该以鼓励和支持为主，在自然轻松愉快的氛围中，以儿童可以接受的方式指导和纠正儿童的错误发音，否则将会打击儿童语言学习的积极性，抑制儿童语音的练习。

（二）儿童的词汇教育

对于3～6岁儿童词汇发展，教育者需要注意三个方面的内容。第一，丰富学前儿童的词汇量。词汇量的多少直接影响儿童理解句子的能力，影响儿童与他人交流的质量。而3～6岁这个阶段正是儿童词汇量增加最为迅速的时期，因此，丰富儿童的词汇量不仅是发展儿童词汇也是促进其语言发展的重要一步。成人可以通过日常生活中与儿童的对话提供大量新词，让儿童在潜移默化中获得新词。另外，成人也可以通过组织游戏活动或阅读活动有意识地增加新词，丰富儿童的词汇。不管是采取什么方式，成人都应该注意遵循儿童身心发展的规律以及掌握新词的先后顺序。

首先，提供的新词以实词为主。这一阶段儿童的思维仍是以具体形象思维为主，因而掌握代表具体实物的实词较为容易。在他们能够理解和运用的词汇中，名词、动词和形容词最多，而对介词、副词等虚词掌握起来较为困难，也很难理解和运用。另外，从言语交际的需求来看，学前儿童往往容易在生活中运用到代表具体实物的实词。因此，成人在为学前儿童提供新词的时候，应该以他们能够理解和经常使用的实词为主。

其次，根据不同年龄段儿童的特点提供不同的词汇。不同年龄段儿童身心发展水平不同，因而在选择教育内容时有所侧重。对小班的幼儿应该提供一些简单常见、容易理解的词，比如一些生活中经常见到的名称和动词。中班的幼儿需要掌握的词汇量大幅度增加，要求掌握的词类增多。成人提供的词汇要适当增加难度，词类也要增多。大班的幼儿思维发展水平相对较高，因而成人可以适量增加虚词的数量。

再次，为儿童创造与成人或同伴交流的机会以学习新词。与成人和同伴的交流是儿童学习语言的重要途径。日常生活中的家具、玩具、日用品、交通工具、文具、动物、植物等的名称都是儿童词汇学习的重要内容，对于各种物品的颜色、大小、形状、质地、用途以及动植物的习性的认识和了解也是增加儿童词汇量的主要途径。

正确理解词汇的含义，是理解他人语言内容的前提和基础。儿童只有真正理解了词的含义，才能够与他人进行良好的沟通和交流。受思维发展水平的制约，儿童往往只能理解词的字面意思，不能理解词的抽象意思。因此，成人不仅要丰富儿童的词汇量，还要引导幼儿理解词的含义。成人可以在提供新词的同时，呈现这个词所代表的事物，让幼儿将词语和特定的事物相联系。这是帮助幼儿正确理解词义的正确途径之一。成人可以引导幼儿通过联系自己的生活经验来理解新词。除此之外，成人还可以借助图画、录音等媒介，向幼儿提供与词汇有关的直观信息。

语言的灵魂在于运用，只有运用才能够进一步提高语言学习的积极性。成人要采用有效的教育方式引导儿童正确使用词汇，多次练习、反复使用。成人应有意识地为儿童创造使用词汇的机会，可以在日常生活中和幼儿交流，也可以在户外活动时通过向幼儿提问，引导幼儿使用不同的词语描述观察到的事物。

（三）儿童的语法教育

儿童语法的学习与发展主要体现在句法上，而句子的使用主要是完整句的使用。因此，这一阶段儿童语法方面的教育主要以发展完整句为主。

首先，要培养儿童的说话兴趣。激发儿童参与谈话的积极性，为儿童提供丰富的语言环境，可以发展儿童的语法能力。成人要培养儿童喜欢说话、愿意和他人交谈的习惯，坚持用语言而不是手势或表情来表达自己的请求和愿望，以调动其讲话的积极性。成人在与儿童对话时，应尽量使用清晰而规范的语言，减慢语速，这样有助于儿童的理解与交流。

其次，要在日常生活中鼓励儿童使用完整的语句。这一阶段儿童的语法还处于发展中，很多时候幼儿说的话不够完整，语法混乱、层次不清。这就需要成人耐心的帮助。生活是儿童学习的重要场域，成人在对儿童进行语言教育时应该充分利用生活中的教育机会。比如，幼儿要玩汽车时会说“妈妈，汽车”，这时成人应抓住机会帮助儿童将话说完整，教会儿童说“妈妈，我要玩汽车”并反复让孩子重复，还可以通过口头造句来练习完整句。口头造句是儿童学习语句的重要方法，这种方法简单又容易实施。成人可以让儿童对某个事物进行描述，然后用一个完整的语句表达出来。

案例 **动词游戏：看动物学动词**

活动目标

一、学习模仿动物的跑、跳、飞等动作，学会灵活运用动词

二、复习认识汉字：兔、狗、鸟、鱼、乌龟、鸡

三、培养发散性思维

活动准备

教具学具准备：森林背景图一张，各种立体动物图卡、动物头饰若干，字卡若干

活动过程

一、出示森林背景图，引导幼儿观察

二、依次出示小兔、小鸡、小鸟、小狗、小鱼、小乌龟的图片，让幼儿认识并匹配相应的字卡

三、结合汉字“跳”“跑”“飞”“游”“爬”“走”，引导幼儿模仿动物行走的动作

四、游戏：“什么动物来了？”

请幼儿头戴各种动物的头饰，当听到老师的口令时，马上做该动物走路的动作。例如，教师说：“请会飞的小动物出来。”戴小鸟头饰的幼儿便做着“飞”的动作走出来。

活动分析

本活动通过创设“幼儿森林”的情境，利用幼儿喜爱的各种动物让幼儿学习动词，这样的设计符合小班幼儿的认知特点，使不同语言能力水平的幼儿均能有所提高，并使幼儿在欢快的气氛中轻松获得相关的经验，正确运用动词，符合小班语言教育“发准某些难发的音，初步掌握方位词及人称代词，学习正确理解运用动词”这一目标。

实施指导

活动重点：正确学说动词，并运用动词说一句短语。

活动难点：能根据已有的生活经验发挥想象，运用动词学说多个短句。

活动拓展

一、将各种动物的卡片投放到活动区内，请幼儿复习巩固所学动词。

二、“比一比，看看谁说得多。”利用饭前或餐后时间，教师和幼儿一起玩拍手游戏，比一比谁讲的动词多。

（资料来源：参照《幼儿园全语言活动设计与实施指导（小班）》案例改编）

三、幼儿园语言教育活动的特点

（一）幼儿园语言教育活动是有计划、有目的的活动

幼儿园每一次或每一阶段的语言教育活动目标，都是根据幼儿语言教育的阶段目标提出来的。其中，既有倾听、表达方面的使用语言的能力目标，又有欣赏文学作品和早期阅

读方面的掌握学习对象的水平目标。所以，通过有目的的语言教育活动，可以全面地发展幼儿的语言能力。幼儿园语言教育活动又是一项有计划的活动，它根据幼儿语言教育的目标、幼儿语言发展的实际状况和发展趋势，有计划地安排具体的教育活动，有顺序、有步骤地训练幼儿的语言能力，或为学习对象提供语言知识，从而保证幼儿园语言教育目标的实现。

（二）幼儿园语言教育活动可以引导幼儿主动学习

长期以来，由于受传统观念的束缚，教师往往只注重教什么，而不考虑幼儿学到什么；只注重教育活动的结果，而不注重幼儿的活动过程。这种以成人为中心的教育，将幼儿视作被动接受的容器，严重地影响了幼儿的身心发展。现代教育观、课程观指出，明确教师在教育过程中发挥主导作用，引导幼儿主动学习，已成为促进幼儿发展的关键。幼儿园语言教育活动是将幼儿置于语言环境或语言信息中，让幼儿进行主动学习的过程。教育要把幼儿的语言学习过程，与幼儿园其他领域，如健康领域、社会领域、科学领域和艺术领域的活动密切结合在一起，引导幼儿积极主动地参与语言活动中，从而获得大量生动的语言经验。幼儿的语言发展正是通过在日常语言交往，以及有组织的教育教学活动中所获得的语言经验而实现的。

除了利用正式的集体教学活动时间外，教师还可以充分利用幼儿早晨入园、中午午睡前后、自由游戏、离园等时间段，有组织地为幼儿提供语言交流的机会。在这些时间段里，可以安排师生交谈，也可以是幼儿间的自由交谈；交谈可以是个别的，也可以是集体的。这种分散在正式教学时间外的言语交流活动，对幼儿来说更为自然和宝贵。儿童可以在轻松自由的氛围中畅所欲言，在平等、轻松的环境下自由地表达心中的各种感受，消除压抑、紧张、胆怯的心理，促进幼儿语言能力和社会交往能力的发展。如在幼儿午睡前，教师讲一些通俗易懂的睡前小故事；吃点心时，引导幼儿说出“香喷喷的面包”“圆圆的包子”“五颜六色的八宝饭”“甜甜的蛋糕”等词句。

（三）幼儿园语言教育活动是一项专门的语言学习过程

语言是一个复杂的符号系统，有其自身的结构要素和结构规则。在幼儿园语言教育活动中，幼儿除了通过活动和交往，在不知不觉中获得有关的语言知识外，还需要通过专门的语言学习能力，让幼儿有集中学习语言知识并发展语言活动的机会。例如，谈话活动是一种有目的、有计划地组织幼儿学习语言的活动，可以帮助幼儿学习如何运用口头语言与他人进行交谈。围绕一个话题进行谈话，不仅能够帮助儿童倾听别人谈话，还能够从中习得与别人交流的方式、规则，培养交往能力。讲述活动能够为幼儿提供不同于日常谈话的语用情境，帮助幼儿逐步获得构思独立完整、表达连贯的语言经验。

（四）教师在幼儿语言教育活动中发挥重要作用

在教学活动中，教师的教学方法对语言教育的效果有很大的影响。教师语言活动教学方法要科学合理，当幼儿说话的发音不准确时，教师要慢慢纠正；当幼儿回答问题错误时，教师要认真分析幼儿答错的原因，找出部分幼儿不爱说话和不敢说话的实际原因。有些幼儿其实对问题的答案十分明确，但是由于自身胆小、口吃或是说话不流利等原因而不愿意表达自己，明确原因后，教师要采取针对性的解决措施，尽量使所有的幼儿都愿意表达与交流。

树立幼儿语言交往的自信心对于激励幼儿主动地与他人交流至关重要。而要做到这一点，关键是要让儿童感觉到教师对自身的重视和期待，具体包括以下方法：首先，教师要在各种各样的环境里给幼儿提供说话的机会，并对他们的表现给予及时肯定。其次，有组织的语言教育活动还可以使幼儿相互交流自己的语言经验，锻炼幼儿在同伴和成人面前说话的勇气和自信心。活动中愉快情绪的相互感染，也有助于提高幼儿语言学习的兴趣和敏感性。教学中教师的激励性语言对儿童起着激励的作用，能够有效地调动儿童学习的积极性；教师富有感染力的语言评价可以激发幼儿的表达潜能。

第三章

幼儿语言教育活动的目标与内容

内容提要

幼儿教育活动具有一定的目标和翔实的内容，其目标和内容的确定及选择均有一定的依据和原则。幼儿教育工作要建立在尊重幼儿兴趣、遵循幼儿成长规律的基础上，如此，在工作中才可做到有的放矢。

学习目标

1. 掌握幼儿语言教育的各级目标
2. 掌握幼儿语言教育内容，并能因地制宜地选择与组织

第一节 幼儿语言教育活动目标的确定

2001 年，教育部印发的《幼儿园教育指导纲要（试行）》对幼儿语言教育领域提出了以下目标：第一，乐意与人交谈，讲话礼貌；第二，注意倾听对方讲话，能理解日常用语；第三，能清楚地说出自己想说的事；第四，喜欢听故事、看图书；第五，能听懂和会说普通话。这些目标分别从交谈意愿、能力、礼仪，即听、说、读、看、礼貌五个方面对幼儿的语言做出了目标期待。

所谓“目标期待”，就是各项活动所要达到的境地或状态。毛泽东在《关于中华人民共和国宪法草案》中讲道：“我们的总目标，是为建设一个伟大的社会主义国家而奋斗。”沈从文在《〈沈从文散文选〉题记》中说：“由我自己说来，我所有的作品，都还只能说是一个开端，远远没有达到我的目标。”王西彦在《古屋》中说：“信心是人生的舵，它使你能够顺利地朝着目标前进。”这些文章中所提到的“目标”均是某种或某项活动的最终节点，它们都具有如下的特点：

第一，主观性。目标是对活动预期结果的主观设想，是在头脑中形成的一种主观意识形态。以主观意识反映客观现实的程度，可分为必然目标、可能目标和不可能目标。在幼儿园语言教育活动中，既要遵循语言发展的规律，跟上人类语言的发展步履，也要根据幼

儿的具体实际来制定语言活动的目标。

第二，方向性。目标是活动的预期目的，为活动指明方向，具有维系组织各个方面关系构成系统组织方向核心的作用。在日常生活中，活动或计划均有方向目标，换句话说，活动或计划都是为着实现某个或某些目标而存在的，即目标具有方向性。在幼儿园语言教育活动中，也要把握语言活动的方向性，如此，方可有的放矢地促进幼儿的语言获得。

第三，现实性。目标的价值性和可操作性构成了目标的现实性。从对现实目标的期望程度看，有理想目标、满意目标、勉强目标和不得已目标。在幼儿园语言教育活动中，我们要根据幼儿语言发展的实际制定目标期待，即以幼儿的语言发展的实际与发展空间作为目标类型的制定依据。

第四，社会性。目标因受政治、经济、文化、意识形态的制约，都具有社会性。同样，在这些因素的影响下，语言的表现形式、内容等都具有范畴性，这种范畴性也是社会性的另一种表达。在幼儿语言教育活动中，我们也要把握特定政治、经济制度，当地文化传统、风俗习惯的特征及倾向，合理组织幼儿的语言活动，并创设恰当的语言环境，为幼儿语言的社会性发展提供有利的条件。

第五，实践性。目标具有为实践活动指明方向的作用，只有通过实践活动才能实现目标。目标与实践活动之间具有双向线性关系，即制定目标是为了付诸实践，而目标的实现也只有通过实践方能达到。因此，在幼儿语言教育活动中，制定目标和启动实施目标都是语言活动的重要元素，每一环节都不可忽略。

基于目标具有主观性、方向性、现实性、社会性、实践性等特征，合理明确和整合目标成为开展实践活动之前的重要任务，幼儿语言教育活动也不例外。因此，结合目标的特性与幼儿语言教育活动的特征，确立幼儿语言教育活动的目标成为活动的首选。

一、幼儿语言教育活动目标概述

幼儿语言教育目标是幼儿教育总目标在语言领域的具体化，它指出了幼儿语言教育所要达到的预期效果。作为幼儿教师必须明确：通过幼儿语言教育要使幼儿的语言获得什么样的发展，达到何种水平，实现什么目标。

明确幼儿语言教育目标，能更好地指导幼儿教师确定幼儿语言教育的内容，以及所采取的方法和途径。同时，它也是语言教育效果的评估标准。

教育理论与实践告诉我们，教育目标总是具有一定的可供分析的结构。从纵向的角度看，幼儿语言教育目标具有一般的层次结构；从横向的角度看，幼儿语言教育目标则存在着独特的分类结构。

（一）幼儿语言教育目标的层次结构

幼儿语言教育目标既是学前教育总目标的有机组成部分，又是学前阶段语言教育的特殊要求。因此，幼儿语言教育目标与学前教育总目标一致，可以分解为语言教育活动目标、年龄阶段目标和具体活动目标三个不同的层次。

1. 语言教育活动目标

幼儿语言教育活动目标，是幼儿语言教育总的任务要求，它与幼儿教育总目标之间存在密切的关系。幼儿教育总目标是国家教育方针、教育目的在这个教育时期的具体体现，它是使教育目的得以实现的长期的具体培养方向。当幼儿教育总目标制定出来时，一般所说的“德、智、体、美全面发展”任务便转换为对幼儿认知、语言、动作、社会性和道德、艺术审美以及创造性、个性情感等方面的发展要求，而对幼儿语言方面的发展要求就可以转化为幼儿语言教育的目标。因此可以认为，幼儿语言教育目标是幼儿教育总目标的一个部分，它与总目标是一致的、相辅相成的；与此同时，幼儿语言教育目标又是对这一较长时期幼儿语言发展的任务要求，具有较强的特殊性和相对的独立性。正如幼儿语言在全面发展中有着不可替代的作用，幼儿语言教育目标在幼儿教育总目标中也具有其独特而重要的地位。

在《纲要》中，我们可以看到幼儿语言教育的目标主要包括：

（1）乐意与人交谈，讲话礼貌；

（2）注意倾听对方讲话，能理解日常用语；

（3）能清楚地说出自己想说的事；

（4）喜欢听故事、看图书；

（5）能听懂和会说普通话。

理解《纲要》的语言教育要求，教育工作者需要关注的是：

第一，创造一个自由、宽松的语言交往环境，支持、鼓励、吸引幼儿与教师、同伴或其他人交谈，体验语言交流的乐趣。从教育环境的要求、教师的角色和作用、交流的范围及与不同团体交往的特点等方面思考，幼儿口头语言发展需要幼儿对语言交流感兴趣，真正理解交流的功能，培养幼儿积极主动地自然交流的愿望、态度和能力。

第二，养成幼儿注意倾听的习惯，发展他们的语言理解能力。倾听是儿童感知和理解语言的行为表现。就幼儿语言学习和发展而言，倾听是不可缺少的一种行为能力，良好的倾听行为习惯的养成也是从学前期开始的。只有懂得倾听、乐于倾听并且善于倾听的人，才能真正理解语言的内容、语言的形式和语言运用的方式，掌握与人进行语言交流的技巧。因此，在学前期培养儿童的倾听行为是十分必要的。我国现有的幼儿语言教育的研究表明，在以往的幼儿语言教育实践中，有关倾听行为的培养尚未得到充分的重视，因此有些儿童不善于倾听，这就影响了他们在人际交往时对语言的理解水平，也影响了他们的其他语言能力的发展。这一情况必须引起学前教育工作者的重视，并在语言教育目标的制定和实施过程中，将幼儿倾听行为培养置于重要的位置。

第三，鼓励幼儿大胆、清楚地表达自己的想法和感受，尝试说明、描述简单的事物或过程，发展他们的思维能力和语言表达能力。对幼儿来说，用一定的语言内容、语言形式以及语言运用方式表达和交流个人观点的行为，是幼儿语言学习和语言发展的主要表现形式之一。只有懂得表述的作用、愿意向别人表达自己的见解，并且具备表述能力的人，才能真正地与人进行语言交际。因而，表述行为培养是幼儿语言教育目标的重要组成部分。幼儿需要学习在不同的情景场合用语言表达自己的感受和认识，成为流畅的语言使用者。

第四，引导幼儿接触优秀的儿童文学作品，使之感受语言的丰富和优美，并通过各种活动帮助幼儿加深对作品的体验和理解。这样的要求需要我们尽可能地给幼儿创造学习童话、故事、儿歌、儿童诗、儿童散文等各种文学作品的机会，引导他们想象文学作品创设的丰富的情境，感受理解作品里各种人物的个性和情感特征，并且能够运用叙述性的语言进行表达。

第五，培养幼儿对生活中常见的简单标记和文字符号的兴趣。利用图书、绘画和其他多种方式，引发幼儿对书籍、阅读和书写的兴趣，培养前阅读和前书写技能。这种要求绝不等同于一般的认字和写字。幼儿教育工作者必须明确的是，不能将识字作为早期阅读的终极目的。早期阅读的主要目的是帮助幼儿做好从口头语言向书面语言过渡的前期阅读和前期书写准备。其中包括知道图书和文字的重要性，愿意阅读图书和辨认汉字，掌握一定的阅读和书写的准备技能，等等。尽管在学前阶段，儿童尚不需要具备真正意义上的阅读和书写能力，但在口头语言向书面语言过渡的阶段，有必要让他们认识口语与书面语的对应关系，有必要掌握看懂图画书的基本技能，有必要初步辨认例如自己的名字之类的常见文字，有必要做好进入小学的书写姿势、书写技能的准备。

(6) 提供普通话的语言环境，帮助幼儿熟悉、听懂并学会说普通话。少数民族地区还应帮助幼儿学习本民族的语言。普通话是中国各个方言区通用的语言，在语言能力早期发展关键期让幼儿学好普通话，对他们的一生都有很好的影响。特别是少数民族地区，让幼儿在早期学习本民族语言的同时通过学习口语接触普通话，会对他们的终身学习和发展都有重要意义。

2. 年龄阶段目标

年龄阶段目标，即学前儿童某一年龄段（班）的教育目标。尽管我们对幼儿在整个学前所要达到的语言培养目标有一定的把握，但同一目标内容，仍应对不同年龄段的幼儿提出不同的要求，在教育实践中逐渐地推动幼儿语言获得自然且有效的发展。

年龄阶段目标有两大特点。第一个特点是将语言教育目标分化为不同的要求，形成每一年龄段幼儿逐步提高的具体目标。例如，就培养幼儿的口语表述能力来说，各个年龄段幼儿已经有一定的表述能力，因此其发展需求是不一样的。对 1.5 岁以下的幼儿的要求是能说出几个常见物品的名称；对 1.5～3 岁幼儿则要求能说出自己的姓名和年龄，能用简短的语句回答别人的问题；3～4 岁幼儿能用简短的语言表述自己的请求和愿望，能在集体面前讲述自己感兴趣的事；4～5 岁幼儿应能用完整的句子较为连贯地讲述自己经历的事、图片内容，会有表情地朗诵儿歌和复述故事，能大胆、清楚地用语言表达自己的意见等；5～6 岁幼儿则应能用适度的音高、音量和准确的语音说话，在适当场合主动与人交谈，主动表达自己的想法，连贯讲述一件事或图片，有表情地朗诵表演诗歌、故事等。再如，幼儿倾听行为的培养，着重点应放在对语音语调的感知和对语义内容的理解上，应当通过教育逐步帮助他们建立起以下几种倾听技能：(1) 有意识倾听，能够集中注意地倾听；(2) 辨析性倾听，能够分辨听到的不同内容；(3) 理解性倾听，能够掌握听到的主要内容，能够连接上下文的意思。在不同年龄，其具体目标要求是有一定差异的：有意识倾听（小班），辨析性倾听（中班），理解性倾听（大班）。每一个年龄阶段的具体目标都建立在上一阶段的语言发展基础上，同时对这一阶段的儿童具有一定的挑战意义，使儿童在经过学习后能迈上新一层台阶。

年龄阶段目标的第二个特点是幼儿语言发展指标和学科知识的融合，也就是说我们要将语言教育目标贯彻到幼儿所学的学科知识中去。换句话说，语言教育目标为幼儿语言的发展指明了具体的发展方向，与语言学科知识融合起来，在每一年龄阶段的目标中对幼儿掌握知识、获得的能力提出了一定要求，期望通过这个阶段幼儿的学习使他们在语言方面达到新的水平。

3. 具体活动目标

具体活动目标是指在某一具体的、实际的语言教育活动中要达到或实现的目标。具体活动目标一般由幼儿教师根据幼儿教育总目标、相关政策条文、教育规律、幼儿的实际状况等因素自行制定。

幼儿语言教育具体活动目标包括两项内容：第一项内容是指各项学前教育活动所含有的幼儿语言发展目标，即渗透在其他领域中的语言目标。例如，在科学活动中通常要求幼儿陈述自己的探索过程和发现的结果；在健康活动中可以让幼儿描述感受；在艺术活动中要求幼儿讲述自己的作品等。第二项内容则特指专门的语言教育活动中的目标，例如谈话活动、讲述活动、游戏活动、文学作品学习活动和阅读活动等。

具体活动目标与语言教育活动目标、年龄阶段目标是一致的。具体来讲，具体活动目标是为年龄阶段目标和语言教育活动目标服务的。因此，具体活动目标的积累便构成了年龄阶段目标，乃至整个语言教育的目标。每一次具体活动目标的实现，都向完成年龄阶段目标和语言教育目标迈进了一步。

从目标的层次分析中，我们应当了解到，在幼儿语言教育目标的落实过程中，有几个关键问题是必须注意的：

第一，如何将一个高层次目标准确地转化为多个低层次目标；

第二，在教育实践过程中，教师如何把握各个层次教育目标的内涵及其相互关系；

第三，教师如何根据目标来选择相应的教育内容，确定恰当的教育方法，从而确保教育目标的实现。

在过往的幼儿语言教育工作中，曾存在着不同层次教育目标相互脱节的现象，也曾出现过忽略教育目标而随意选择教育内容、教学方法的情况。上述问题必须引起幼儿教育工作者的重视。我们必须加深对幼儿教育目标的理解，从根本上解决存在的问题。

（二）幼儿语言教育目标的分类结构

幼儿语言教育目标的分类结构，是指教育目标的横向构成类别。任何教育目标都不是单一的，往往是由若干任务要求综合构成。语言教育既然受制于社会的要求和个体发展规律，它就具有一种幼儿个体内部生理、心理结构与外部语言环境交换信息的错综复杂的动态机制。语言教育目标是指导实施语言教育活动的“纲领”，如何使这一“纲领”更符合幼儿语言发展的规律，更符合社会对幼儿语言学习的要求，有必要对幼儿语言教育目标的构成进行研究。这是我国幼儿语言教育研究领域探索已久的问题。

决定明确幼儿语言教育目标构成及分类的要素主要有以下几点：

第一，通过对幼儿语言能力构成的研究，得出幼儿语言的能力实际是由非语言交际、口语交际和书面语言交际三方面的综合构成；

第二，通过对语言教育作用的研究，得出幼儿语言教育的作用是通过教育来影响和刺激幼儿，使幼儿产生更复杂的、更丰富的语言行为；

第三，通过对语言教育目标本身的研究，得出幼儿语言教育的目标必须具有可观察性、可操作性和可评估性的特点。

因此，我们将幼儿语言教育目标划分为四个方面：倾听、表述、欣赏文学作品和早期阅读。

1. 倾听行为的培养目标

倾听是幼儿感知和理解语言的行为标准。就幼儿语言学习和发展而言，倾听是不可缺少的一种行为能力，良好的倾听行为习惯的养成也是从学前期开始的。只有懂得倾听、乐意倾听并且善于倾听的人，才能真正理解语言的内容、语言的形式和语言运用的方式，掌握与人进行语言交流的技巧。因此，在学前期培养幼儿的倾听行为是必要的。

据调查，在以往的幼儿语言教育实践中，由于对倾听行为的培养没有给予充分重视，有些幼儿不善于倾听，不仅影响了他们在人际交往中对语言的理解，也影响了他们其他语言能力的发展。这一状况有必要引起幼儿教育工作者的重视，在语言教育目标制定和实施过程中，要将倾听行为置于重要的位置。

《纲要》指出要“养成幼儿注意倾听的习惯，发展他们的语言理解能力”。由此可见，幼儿语言教育对倾听行为的培养应重点放在对语音、语调的感知和对语义内容的理解上。在0～6岁通过相关教育逐步帮助幼儿建立起以下几种倾听行为的技能：

第一，有意识地倾听，即要集中注意力倾听；

第二，辨析式倾听，即能分辨不同内容的倾听；

第三，理解式倾听，即可以连接说话者上下文的意思、掌握主要内容的倾听。

2. 表述行为的培养目标

表述是以一定的语言内容、语言形式以及语言运用方式表达和交流个人想法或观点的行为，是幼儿语言学习和语言发展的主要表现形式之一。只有懂得表述的作用，并且愿意向别人表达自己的见解，也具备表述能力，才能真正地与人进行语言交流。因此，表述行为是培养幼儿语言教育目标的重要组成部分。

学前阶段是幼儿逐步掌握口头语言并向书面语言过渡的时期，这一时期对幼儿表述能力的培养格外重要。《纲要》指出要“鼓励幼儿大胆、清楚地表达自己的想法和感受，尝试说明、描述简单的事物或过程，发展语言表达能力和思维能力”。由此可见，幼儿表述能力的目标在于学习正确恰当地运用口语表述，从语音、语法、语义和语用四个方面掌握母语的表达技能，逐步提高表述水平，同时掌握个人独白、集体讲述、对话交谈等不同的表达方式，使幼儿学会在不同的情景场合用语言表达自己的感受和认识。

3. 文学作品学习活动中欣赏文学作品行为的培养目标

文学作品学习活动是感知理解文学作品并尝试操作艺术语言方式的行为。文学作品是由语言艺术构成的，带有口头语言的特点，却又不同于口头语言，它是艺术语言的集合体，对幼儿的语言学习具有特别的意义。

关于文学作品学习活动中欣赏文学作品行为的培养目标，《纲要》指出要“引导幼儿接触优秀的儿童文学作品，使之感受语言的丰富和优美，并通过各种活动帮助幼儿加深对作品的体验和理解”。由此可见，幼儿欣赏文学作品行为的培养目标主要有以下两点：

第一，培养幼儿综合的语言能力，增强儿童对语言核心操作行为的敏感性，即对语词排列的敏感性和对不同情境中语言运用的敏感性；

第二，培养幼儿理解文学作品，初步感受不同类型文学作品的特点及构成要素。

4. 早期阅读行为的培养目标

早期阅读行为是指幼儿为了完成从口头语言向书面语言的过渡而做的前期阅读准备和前期书写准备。其中包括了幼儿阶段指导图书和文字的重要性，愿意阅读图书和辨认汉字，掌握一定的阅读和书写的准备技能等。

《纲要》明确指出要培养幼儿对生活中常见的简单标记和文字符号的兴趣；利用图书、绘画和其他多种方式，引发幼儿对书籍、阅读和书写的兴趣，培养前阅读和前书写技能。由此可见，早期阅读行为的培养主要在于激发幼儿阅读的兴趣，养成良好的阅读习惯，掌握早期阅读的有关技能。这种要求不等同于一般的认字和写字。幼儿教育工作者必须要明确的是，不能将识字和写字作为这个阶段早期阅读的最终目的。

随着信息时代的到来，加强早期阅读已成为国际学前教育的发展趋势之一。国内外众多的研究也表明，需要并且可能在学前阶段对幼儿进行早期阅读的教育。因此，培养幼儿的早期阅读行为应当成为幼儿语言教育目标的组成部分。

二、幼儿语言教育活动目标的取向

任何时期的教育活动目标都有一定的取向，取向就是主体按照当前的认识水平，以一定的客观价值标准为依据，在实践过程中表现出的心理倾向与行为趋向。教育目标作为教育活动的重要组成部分，其选择以何种取向来制定目标，具有重要的理论和实践指导意义。

教育是有目的、有计划的活动，幼儿语言教育亦是如此。总的来说，幼儿语言教育的目标是根据幼儿保育与教育的主要目标确定的，它是幼儿教育总目标的重要组成部分。任何教育目标的制定都不是凭空产生的，都需要有一定的客观依据。

(一) 社会的要求

教育的本质是由教育者对受教育者实施有目的、有计划、有系统的影响，以便把受教育者培养成为服务社会的人。因此，一个国家的政治、经济和文化对培养什么样的人有一定的要求，这些因素综合起来就是构成教育目标的客观依据之一。社会和时代的发展为确立幼儿语言教育目标指明了方向。离开一定社会的要求去制定幼儿语言教育目标，则有可能在本质上违背教育的规律。可以从以下三个层面来考察社会的要求对我国现有的条件下幼儿语言教育目标的影响。

1. 教育目标应反映中国社会主义社会在现阶段的价值取向

一方面，马克思主义关于人的全面发展的教育思想，指导着我们充分认识在幼儿全面发展中语言教育的重要作用，使我们意识到语言是幼儿德智体美全面发展不可缺少的组成部分；另一方面，几千年中华优秀传统文化要通过我们实施的幼儿语言教育传承下去，通过语言教育来承担文化传递的任务是十分重要的。

2. 教育目标要适应我国生产力发展水平对人才培养的要求

近年来，我国科学技术革命和生产力的迅速发展，要求教育所培养的人才不仅仅能掌握现代科学技术，具有良好的品德和心理素质，还要具备良好的交往能力、处理信息的能力和创造的能力。人类社会发展已经进入新世纪的今天，语言作为交际工具、思维工具和学习工具，其作用越来越重要，成为高素质、高效益人才不可缺少的基本能力。这一大背景要求我们在幼儿教育中充分重视语言教育，并据此设计语言教育的目标和内容。

3. 教育目标还需要具有一定的超前性

今天的幼儿语言教育是为我国未来培养主力军，因而教育目标要考虑未来社会的需要，在一定程度上反映未来社会对建设人才素质的要求。

（二）学前儿童发展的规律

教育的对象是人，教育的一个基本职能是促进教育对象的身心发展，因而教育目标的制定必须时刻关注教育对象的发展特点和规律。在学前阶段，幼儿语言发展具有哪些潜力，最高能达到什么程度，发展所需要的条件是否具备等问题，对幼儿语言教育目标的实现有直接影响。

语言发展的研究成果已经为我们提供了各种信息，能够帮助我们理解不同时期幼儿身心发展的特点和需要、幼儿的行为表现及其原因、幼儿兴趣发展的普遍性特征和个体差异。了解和掌握这些规律和特点，才能使我们在制定幼儿语言教育目标时有的放矢。

1. 幼儿的发展是整体的发展

幼儿的发展是整体的发展，包括身体、社会、情感、认知、品德等多方面的发展，每一方面的发展都不是独立的构成，而是相互影响、相互促进的整体式发展。在幼儿语言教育的过程中，我们不仅要考虑语言方面的发展，而且要考虑幼儿其他方面的发展，所以幼儿语言教育目标应该是全面的、综合的，包括情感态度、认知经验、能力技能等多方面的教育要求。

2. 幼儿的发展具有明显的年龄特征和个体差异

学前心理学的研究告诉我们，幼儿的发展表现出一定的年龄特征，不同年龄段的幼儿在认知、情感和社会性等方面表现出明显的不同，具有鲜明的年龄特征；同时幼儿的发展又具有个体差异性，同一年龄段的幼儿先天的遗传素质、后天生活环境、教育条件以及早期经验各有不同，其能力发展的速度和水平上又表现出很大的差异性。这就要求我们在设计幼儿语言教育目标时，首先要考虑幼儿的年龄特征，根据不同年龄段的幼儿提出不同的语言教育目标，同时还应针对幼儿语言发展的实际水平和差异进行适当的调整，以期最大限度地促进幼儿语言的发展。

（三）语言的学科性质和学前儿童语言学习的特点

每一门学科都有自己特定的研究对象。毛泽东指出，“每一种社会形式和思想形式，都有它的特殊的矛盾和特殊的本质”，“科学研究的区分，就是根据科学对象所具有的特殊的矛盾性”。这种矛盾性就是每一门学科的本质属性，它不仅在理论上制约该学科的研究对象、目的和任务，而且在实践中也制约着该学科教学目标和评价标准的制定以及教学原则和教学方法的选择。

语言作为一门学科，有其独特的教育功能和逻辑结构，幼儿学习语言也有其特殊的规律，在确定幼儿语言教育目标时这也是必须要考虑的因素之一。具体来说，依据幼儿语言发展的规律制定教育目标应注意以下两个方面：

1. 幼儿语言教育的根本目标是幼儿语言运用能力的培养

制定幼儿语言教育目标首先要明确一点：语言知识的传授不是语言教育的根本目标，幼儿在实际生活中的语言运用能力才是语言教育的根本目标。因此，幼儿语言教育是在日常生活和专门的语言教育活动中，为幼儿创设想说、敢说、有机会说，并使其得到积极应答的环境，在真实的语言交际环境中发展其理解和运用语言的能力。

2. 应注意语言教育目标的整体性

幼儿语言教育目标的制定不能仅仅局限在语言知识的学习和语言技能的训练上，还要关注幼儿情感态度和其他能力方面的综合发展，还要全面考虑语言教育领域和其他领域的关系，在幼儿语言教育活动中兼顾其他领域的教育要求。

因此，我们在制定幼儿语言教育目标时必须充分考虑语言的学科性质，尊重幼儿语言学习的心理特点，制定符合幼儿语言学习特点的、恰当的教育目标。

（四）学前教育机构保育和教育的主要目标

根据教育部《幼儿园工作规程》，幼儿园保育和教育的主要目标之一是“培养（幼儿）正确运用感官和运用语言进行交往的基本能力”，这可以说是对幼儿语言教育目标的概括性表述。根据这一目标，我们就需要具体分析语言及语言运用相关的规律，如语言包括哪些成分，语言运用包括哪些活动形式、需要哪些规则等。根据这些规律，我们进一步确定幼儿语言教育要使幼儿的哪些语言行为、能力和态度有所发展。幼儿园保育和教育在语言发展方面的目标中，还强调了语言的交际功能，重视幼儿在与成人和同伴的交往过程中对语言的运用。具体来说，就是会说普通话，能运用合适的语言进行语言交际，并逐步提高幼儿口头语言表达水平，并为学习书面语打下基础。因此，幼儿语言教育目标中不仅包括对最基本的倾听和表述能力的培养，而且包括幼儿的表达能力的提高以及为书面语的学习做准备等内容。

三、幼儿语言教育活动目标的内容与设置原则

幼儿语言教育目标的内容是对某一时期幼儿语言教育目标的具体阐述。我们将从倾听、表述、欣赏文学作品和早期阅读四方面来阐述幼儿语言教育活动的整体目标和年龄阶段目标，并阐述语言教育活动目标及其内容的确立原则。

（一）幼儿语言教育活动目标的具体内容

《纲要》是我国学前教育的纲领性文件，其针对语言教育制定了如下目标：

1. 乐意与人交谈，讲话礼貌；
2. 注意倾听对方讲话，能理解日常用语；
3. 能清楚地说出自己想说的事；
4. 喜欢听故事、看图书；
5. 能听懂和会说普通话。

以上五个方面的目标按照语言教育活动目标四个方面的横向结构可以具体表述为表3-1的相关内容：

表 3-1　　幼儿语言教育活动目标

	认知目标	情感与态度目标	能力与技能目标
倾听	别人对自己说话时，要注意倾听。	(1) 喜欢听各种声音； (2) 积极有礼貌地听别人对自己说话。	(1) 能集中注意力，有礼貌、安静地倾听； (2) 能听懂普通话，能分辨不同的声音和语调； (3) 能理解并执行别人的指令。
表述	有想要表达的愿望，并且用恰当的音高、音量表达。	(1) 喜欢与他人谈话； (2) 能够在适宜的场合积极、主动、有礼貌地与人交谈。	(1) 会说普通话，发音清楚、语调准确，能运用恰当的语句和语调表述意见和回答问题； (2) 能用完整、连贯的语句讲述图片和事件。
欣赏文学作品	懂得文学作品中运用的是规范而成熟的语言，通过阅读和聆听文学作品增加知识，明白事理，并能感受到语言艺术的美。	(1) 乐意聆听和阅读文学作品； (2) 积极参与文学作品学习活动。	(1) 理解文学作品的内容，体会文学语言的美，积累文学语言； (2) 初步了解文学常识，会区分不同类型的文学作品及其构成要素； (3) 能用动作、语言、美术、音乐等不同方式积极表达对文学作品的理解； (4) 学会编故事、表演故事，参加诗歌、散文的欣赏与仿编活动等。
早期阅读	懂得口语与书面语和图书的对应和转换关系。	(1) 对图书和文字感兴趣； (2) 喜欢认读常见的简单的汉字； (3) 爱护图书。	(1) 能注意倾听成人讲述和朗读图书内容； (2) 能按顺序翻阅图书，同时倾听成人朗读图画故事； (3) 能独立地翻阅细读熟悉的图画故事； (4) 能给自己画的画配说明文字； (5) 能积极主动地学习常见的文字； (6) 能按规定的笔顺书写自己的姓名和一些常见的独体字。

（二）幼儿语言教育不同年龄阶段目标及其内容

根据年龄阶段和班级类型，可以将幼儿语言发展目标具体表述为表 3-2、表 3-3 相关内容：

表 3-2　　1～3 岁幼儿语言发展目标

0～1.5 岁	1.5～3 岁	
	1.5～2 岁	2～3 岁
1. 喜欢听别人说话、唱歌、念儿歌，喜欢听乐曲、鸟叫等好听的声音； 2. 听到别人对自己说话，能用声音、手势、表情、单词等做出反应； 3. 能说出常见物品的名称； 4. 能辨认并说出身体的某些部分以及图片上常见的物体的名称； 5. 能理解常用的简短的语句，能执行简单的命令； 6. 能用单词、手势、表情等向成人表达自己的要求； 7. 喜欢听成人讲述图书上的故事、儿歌等，对早期阅读具有初步的兴趣。	1. 喜欢听和谐、悦耳的声音，乐意听别人说话； 2. 喜欢听成人讲述玩具、其他实物以及图片上的物体； 3. 能安静地听成人念儿歌、讲简短的故事； 4. 喜欢翻阅感兴趣的图书； 5. 能说出自己的名字； 6. 能用“是”或“不”回答别人的问题； 7. 本民族语言或方言的发音能使别人听懂； 8. 积极地尝试运用日常听到的词和句子； 9. 能听懂并执行日常生活中的某些指令。	1. 喜欢听和谐、悦耳的声音，乐意听别人说话； 2. 能与成人交谈自己感兴趣的玩具、人或动物的动作以及图片上的物体和人物动作； 3. 能安静地倾听并参与成人念儿歌、讲简短的故事； 4. 能按顺序听成人讲述图画书上的故事； 5. 能说出自己的姓名和年龄； 6. 能用简短的语句和别人交谈； 7. 本民族语言或方言的发音基本清楚； 8. 能听懂并执行日常生活中的指令； 9. 能主动积极地学习新词和新的句型。

表3-3　　3～6岁幼儿语言发展目标

内容	小班	中班	大班
倾听	1. 乐意听老师和同伴讲话，听别人讲话能保持安静，不打断别人的话； 2. 能听懂普通话； 3. 能理解较简单的指令。	1. 能有礼貌地、集中注意力地倾听他人说话； 2. 能区分普通话和方言的发音； 3. 能理解多重指令。	1. 无论在集体场合还是个别谈话时均能认真、耐心、有礼貌地倾听他人的讲话； 2. 能辨别普通话声调、语调； 3. 能理解较为复杂的指令。
表述	1. 愿意学说普通话，喜欢与老师、同伴及成人交谈； 2. 知道个别交谈时声音要轻，在集体面前说话音量要适当； 3. 别人说话时不随便插嘴，乐意回答别人提出的问题； 4. 能用简短的语言表达自己的请求和愿望； 5. 能独立地讲述图片和自己感兴趣的事。	1. 积极学说普通话，发音清楚； 2. 说话声音的音量和语速适当； 3. 积极而有礼貌地和别人交谈，不随便打断别人的话； 4. 能用完整语句较为连贯地讲述自己经历的事情和看到的图片内容； 5. 能大胆清楚地用语言讲述和表达自己的请求、愿望、情感、需求等。	1. 坚持说普通话，发音清楚、准确； 2. 会在不同场合，用适当的音量、语速说话； 3. 能主动热情、有礼貌地与别人交谈； 4. 能主动表达自己的意思，乐于参加讨论和辩论，敢于发表不同的意见； 5. 能连贯地讲述一件事情或图片，有感情地表演诗歌、故事，并能自编或和同伴一起编诗歌、讲故事。
文学作品学习	1. 愿意欣赏并初步感受和理解不同体裁的幼儿文学作品； 2. 能独立地念儿歌，讲述简短的句子； 3. 能仿编简单的儿歌、散文、故事等。	1. 能初步了解文学作品的不同体裁及其构成因素； 2. 在理解作品内容的基础上学会初步归纳主题； 3. 会有表情地朗诵诗歌、散文和讲述故事等； 4. 能根据作品提供的线索进行文学想象和创造，延续作品内容。	1. 理解文学作品的不同体裁及其构成因素； 2. 在理解作品内容归纳主题的基础上，在教师的帮助下分析作品中的特殊表现手法，能体验作品的思想、感情、脉络； 3. 能有表情地表演故事、童话、诗歌和散文等； 4. 能独立仿编或与同伴共同编故事、诗歌和散文。
早期阅读	1. 知道可以用一段话来讲述一幅图的含义； 2. 知道每个字的发音不同，代表的意思也不同； 3. 喜欢听成人讲述图书的内容，并尝试自己阅读图书； 4. 学习正确的阅读方法，会按顺序翻阅图书，能看出图画的主要内容，知道爱护图书； 5. 对文字感兴趣，能学认常见的简单汉字。	1. 知道口头语言和文字的对应关系； 2. 能集中注意倾听成人讲述和阅读图书内容，理解书面语言； 3. 能独立阅读图书，理解图书内容，知道爱护图书； 4. 对图书的文字感兴趣，主动学习常见的汉字。	1. 理解画面的内容，能用恰当地扩句和缩句来合理表达画面的内容； 2. 对阅读文字感兴趣，积极学认常见的文字； 3. 会保护和修补图书，会用绘画的方式自制图书，并配解说词（由教师或家长代写）； 4. 初步认识汉字的间架结构和书写风格，会按规范的笔顺书写自己的名字。

（三）幼儿语言教育目标内容确立的原则

教师在制定语言活动目标内容时除了要满足国家教育事业总目标、社会的要求及幼儿园的自身教育目标之外，还要遵循以下原则：

1. 语言活动目标要着眼于幼儿的发展

此项原则包括两层含义：一是目标的制定应适应幼儿现有的发展水平，符合幼儿语言发展的一般规律；二是目标的制定应将促进幼儿的语言发展作为落脚点，应落实到幼儿对语言内容、语言形式和语言运用的掌握上。

2. 语言教育活动目标的内容和要求，在方向上应与总目标、年龄阶段目标相一致

一般来说，幼儿教育的总目标和年龄阶段目标由专门的机构制定。活动目标要为阶段目标和总目标服务，总目标和年龄阶段目标要通过一个个具体的活动目标实行。要根据幼儿的年龄特征和发展水平，由浅到深、循序渐进地提出目标，使幼儿从具体到抽象，直接或间接地获得语言经验。

3. 语言教育活动目标的设置要考虑语言教育活动的类型

幼儿语言教育活动所要实现的目标是有所偏重，教师在设计语言教育目标时必须考虑不同教育活动类型的特点，设计合适的目标。比如说，文学作品活动主要是向幼儿展示成熟的语言，提高幼儿对语言多样性的认识，接触文学语言，鼓励幼儿创造性地运用语言，提高幼儿灵活运用语言的能力；而讲述活动则是偏重于培养幼儿感知、理解、讲述对象的能力，独立构思与清楚完整地表述意识和情感和能力，掌握对语言交流情绪度的调节能力。

4. 语言教育活动目标应包括认知、情感态度和能力三方面

语言教育活动目标的内容应包含认知、情感态度和能力三个方面。首先，认知领域的目标应涉及知识概念的学习，包括所获得知识的数量和种类，以及操作这些知识所需的技能和能力。例如，要求幼儿掌握多少词汇，掌握多少句型以及在什么样的语境下运用这些词汇和句型。其次，是情感态度的培养，包括兴趣、态度和价值观等方面的变化。例如，使幼儿形成有耐心又有礼貌地倾听别人讲话的态度，对在集体面前讲述自己经历的事和图片内容感兴趣等。最后，是能力训练，包括组词成句的能力和具体语境中运用语言的能力。例如，能用合适的音量在集体面前表达自己的想法，能根据不同的时段恰当地使用礼貌用语等。

5. 正确表述幼儿语言教育目标

教育活动目标作为教学过程的指引，是评价教学效果的标尺。所以，只有具体的、有针对性的目标，才能为教学过程导航，才能给检测学习效果以标尺。因此，这需要教师正确表述幼儿语言教育目标。

从表述的方式上看，幼儿语言教育的目标通常采用“行为目标”的方式来表述。行为目标是具体的可操作性的教育目标，它指教育过程结束后幼儿发生的行为变化，常以“学习……”“知道……”“理解……”“区分……”“体验……”等结构进行表述。

第二节　幼儿语言教育活动内容的选择和组织

幼儿语言教育的内容是指幼儿教育机构传授给幼儿的语言形式、语言内容以及语言运用的综合，是教给幼儿一套特定的语言符号系统，并指导他们学习运用这套符号系统地进行交际。

简言之，幼儿园语言教育的任务就是教会幼儿运用本民族语言进行语言交际，从这个角度来说，幼儿园语言教育的内容可分为以下三部分：第一，帮助幼儿学习本民族的语言符号系统，在我国主要指现代汉语（普通话）的语音、词汇、语法等；第二，教幼儿学会运用语言，既包括语言的功能、语言交际规则等语言知识的传授，也包括语言运用能力的实践训练；第三，由艺术语言构成的文学作品也是幼儿语言教育的一项重要内容。

一、幼儿语言教育活动内容的选择取向

幼儿语言教育活动内容不是随意制定的，它有一定依据，要符合一定客观规律。一方面，教育内容是为实现教育目标服务的，是实现教育目标的载体，因而语言教育内容应该根据教育目标来选择；另一方面，语言教育内容是为促进幼儿的语言发展服务的，因而语言教育内容的选择还应该根据幼儿心理发展及语言发展的特点及其规律来选择。同时，幼儿语言教育不只是语言教育领域的任务，在其他领域中也有语言渗透的任务，因而在选择语言教育内容时还应考虑不同领域教育活动的特点，整体发展幼儿的语言能力。

（一）依据幼儿语言教育目标选择教育内容

幼儿园语言教育内容是为实现语言教育目标服务的，因而要依据教育目标来选择教育内容，具体表现为：

1. 幼儿语言教育目标是培养幼儿的语言能力

语言能力包括对语言的理解能力和表达能力，这些能力是在语言形式、语言内容和语言运用的交互作用过程中逐渐发展起来的，语言理解和语言表达在发展过程中是相辅相成、相互促进的。因此，在确定语言教育内容时，要把语言能力和语言表达能力以及它们在语言形式，语言内容和语言运用过程中如何发展、如何提高进行具体分析，并把它们作为语言教育的重点、难点在教育过程中给予突出和强调。例如，在“谈话”活动中，幼儿通过“听说轮换”逐渐懂得要认真倾听对方讲话，理解其中表达的意思，并用恰当的语言做出应答。在这个过程中，语言形式（语音、词汇、语法）、语言内容（语言所表达的意义）和语言运用（语言功能和语言情境）三部分是交织在一起的。

2. 幼儿语言教育目标分为倾听、表述、欣赏文学作品和早期阅读四个部分，每一部分都包含认知、情感与态度、能力与技能三方面

例如，在“倾听”目标中，有“懂得别人说话时要集中注意倾听（认知目标）”“喜欢倾听别人讲话（情感与态度目标）”“能集中注意倾听别人说话，能理解并执行别人的指令（能力目标）”等要求，在婴幼儿期就让他们倾听母亲朗读优美的儿歌，用语词和声调激发幼儿听的乐趣。随着幼儿的发展，他们的倾听能力从情感与态度（喜欢听），到认识（知道要集中注意力倾听）再到能力（能注意倾听）逐渐发展起来，倾听能力得以在“聆听和欣赏文学作品”的内容中得到落实。然而，“倾听”目标不是仅仅通过聆听文学作品就能达到的。“倾听”的目标还要通过“生活常规的学习”“听口令做动作”等体育活动以及音乐、美术、数学活动等来实现，使幼儿在多种不同的活动中得到自然的练习，从而获得丰富的倾听经验。所以在选择教育内容时，要充分考虑语言教育目标的四个部分及其包含的三个方面，分析有关的活动，突出其中可以作为语言学习内容的因素并加以利用。

3. 把教育目标中的各部分、各方面要求转换为幼儿学习语言的内容，使幼儿通过多种多样的学习获得语言经验

根据语言教育目标确定教育内容，是把教育目标中的各个部分的要求转换为幼儿语言的内容，使幼儿通过多种多样的学习获得语言经验。这些内容有些是通过专门的语言学习活动来实现的，有些则是通过在其他活动中渗透完成的。

根据语言教育目标选择教育内容还需要明确一点，语言教育目标和教育内容并不是一一对应的关系。一个目标要通过多种内容来实现，一种内容可以贯穿几项目标的要求。这样就通过选择语言教育内容把语言教育目标综合起来，使各个部分在相互联系中落实到各项教育活动中，在发挥学前教育整体功能过程中促进幼儿语言能力的发展。

（二）依据幼儿心理发展特点选择教育内容

幼儿的心理发展特点制约着他们学习活动的兴趣和态度，进而影响其学习效果，因而我们在选择幼儿语言教育内容时要充分考虑这一要素，选择那些最适合幼儿的、幼儿最感兴趣的教育内容，以期达到最佳的学习效果。从儿童心理学的角度来说，儿童心理发展具有以下特点：

1. 情绪性

这是幼儿的典型特点。凡是他们感兴趣的、觉得稀奇的事物，都能在他们脑海里留下深刻的印象，在学习活动中也能对这些感兴趣的部分集中注意力、专心地学习，学习效果也会比较好。这就要求我们在选择教育内容时，应强调其趣味性和新颖性。

2. 模仿性

爱模仿也是幼儿的典型特点，优美的艺术语言以及教师的动作、表情、体态等都是他们模仿的对象。因此，在选择语言教育内容时应考虑便于幼儿学习模仿的，一般来说语句简短、情节简单、语言重复的文学作品适合幼儿学习模仿。

3. 想象力丰富

幼儿通常都具有丰富的想象力，这就要求教师在选择活动内容时，应尽可能为他们提供充分想象和自由创造的空间。

（三）依据幼儿语言发展的特点选择教育内容

这里所说的幼儿语言发展的特点是指幼儿的语言发展要经历两个转换，即从非语言交际向口语交际转换、从口语交际向书面语言学习转换。这两个转换并不是截然分开的，而是相互交叉的。因此，在确定语言教育内容时，须针对各年龄阶段幼儿语言发展的特点，有交叉、有侧重地开展教学活动。

第一阶段是幼儿从非语言交际向口语交际转换的过程。

在这一阶段幼儿需要学习最基本的听说轮换、及时反馈，对词汇的理解和运用，构词成句、表达意思等三方面的内容。我们要利用谈话、讲述、听说游戏、文学作品学习和早期阅读等语言教育活动，让幼儿进行这些内容的练习，使其获得相关的语言经验。

1. 听说轮换、及时反馈

听说轮换、及时反馈是幼儿在非语言交际时期就已经掌握的技能，也是幼儿进行语言交际必须掌握的基本能力。进入口语交际阶段后，这种轮换从运用表情、动作、体态、声音等非语言符号逐渐转化为运用语言符号，成为听和说的轮换。

2. 对词汇的理解和运用

在口语交际初期，对词的感知、理解和运用是幼儿首先要学习的。正确感知和理解每一个词，首先是要将词的音调和它的具体意义联系起来，这种学习是渗透在幼儿的生活中自然而然进行的。然而，要使幼儿具有丰富的词汇，并且能够恰当地运用这些词汇进行交际，就需要提供专门的学习内容。应在幼儿的认识活动、交往活动、操作活动以及游戏活动等各种情境中，有意识地引导幼儿将词语同它所代表的实际意思联系起来，并且在这些具体的情境中学习运用这些词。

3. 构词成句、表达意思

构词成句、表达意思的学习可以渗透在认知活动、操作活动中，也需要提供专门的学习内容。

幼儿语言发展经历的第二个转换，即语言发展的第二阶段是从口语交际向书面语言学习转换的过程。

在这一过程中，幼儿需要学习口语、文字、图书的对应、转换关系和简单识字两方面的内容，即理解说出的话语和写出的字之间的关系，对不同字形的辨认以及对字形结构的分析与书写，为升入小学学习书面语言做好准备。

（四）依据不同活动领域的特点选择教育内容

幼儿语言教育不仅是通过专门的语言教育活动来实现，同时还需要在科学、艺术、社会、健康等领域中进行渗透。例如，在科学、艺术等活动领域中，幼儿需要根据教师的指令进行有序的观察，同时还需要用语言来表达观察的结果，这些都是和语言相联系的内容，这就需要考虑不同领域的活动特点来选择合适的教育内容。

二、幼儿语言教育活动内容结构

（一）专门的语言教育内容

这类教育内容是为幼儿提供机会，对他们在日常语言交际中获得的语言素材进行提炼和深化，达到对语言规则的理解及有意识地运用。它所包含的若干子类，有学说普通话、谈话（个别交谈、集体交谈）、讲述、阅读图书、欣赏文学作品（聆听、朗诵、表演），是我国幼儿语言教育中经常运用的、最基本的内容。具体内容如下：

1. 学说普通话

在幼儿能用本民族语或方言进行日常交际的基础上，要求幼儿学说普通话；在幼儿有话要说、有话可说的情况下，鼓励幼儿说普通话；为幼儿提供多种内容和多样活动，使他们的语言得到发展。

（1）喜欢说，坚持说；

（2）发音清楚，发音准确，努力学会普通话语音；

（3）辨别方言与普通话中相同词的不同发音和不同声调，努力从方言转向普通话；

（4）注意普通话与方言中相同意思的不同表述，学会讲规范的普通话。

2. 谈话

包括个别交谈和集体交谈，前者是后者发展的基础。谈话在培养语言交际意识、情感、能力方面有特别重要的意义。语言交际的效果在很大程度上取决于交谈双方是否能从对方的角度思考问题。谈话中的轮换听和说、彼此倾听、做出应答、说清意思等为语言交际能力的发展打下重要基础。谈话也是表述的基础，表述的效果不但决定于表述是否清楚、连贯，还需要考虑听者已知什么，需要知道什么，怎样说才更容易使人听懂。重视培养谈话能力可以降低讲述的困难程度。要为幼儿选择多种多样的谈话内容，使他们得到以下语言能力的发展：

(1) 个别交谈。

①别人对自己说话时，要做出积极应答（以表情、声音、姿势、词、句等不同方式回应）；

②懂得听说轮换；

③主动发起与成人或同伴之间的个别交谈；

④注意倾听对方说的话，听懂对方的意思；

⑤针对对方说的话表述自己的意思，使对方听懂；

⑥耐心地把对话延续下去，集中注意咨询和回答。

(2) 集体交谈。

①积极参与几人、小组或全班的交谈；

②注意倾听教师在集体活动中提出的问题，做出相应的问答；

③注意倾听同伴在集体中的发言，根据谈话主题陈述自己的意见；

④针对别人的发言提出批评性意见。

3. 讲述

讲述运用的是比较连贯的语言，要求语言内容比较丰富，语句结构比较完整。幼儿进行讲述时往往需要借助实物、范图、情景表演等来讲述的主题和内容，帮助他们构思语句。当幼儿讲述感兴趣的、熟悉的事情时，则要鼓励他们不用辅助材料，通过回忆和构思恰当地表述语句。要选择多种类型的讲述内容和形式，使幼儿获得以下语言发展：

(1) 用几句话描述物体；

(2) 描述图片中的物体或人们的动作；

(3) 讲述自己的经验（亲身经历的事情及其过程）；

(4) 讲述图片中某些事物之间的关系；

(5) 讲述图片内容所发生事情的过程（用想象补充情节）；

(6) 能理解几幅图片所表现的情节，并进行连贯的讲述。

4. 阅读

阅读图书是由口语向书面语的过渡，是理解口语与书面语之间关系的重要经验。可以从语言生成阶段开始，由成人先用口语对图书中的物体、人、动物的动作进行描述，讲述图书中的情节，再朗读文学作品，让幼儿边听边参与说。最后使幼儿达到对熟悉的图书能独立地进行阅读或讲述基本的内容。在这个过程中幼儿逐渐地学会翻阅图书、辨认物体、理解情节以及懂得口头语与书面语之间的关系。要为幼儿提供内容丰富多样的图书，使他们得到以下语言能力的发展：

(1) 注意看着画面听成人讲解；

（2）根据画面内容回答成人提出的问题；

（3）注意倾听成人讲述画面上的情节；

（4）看着画面自言自语地表述自己对画面内容的理解；

（5）集中注意倾听成人朗读图书中的文字；

（6）爱看书，会按顺序翻书页，爱护图书。

5. 欣赏文学作品

欣赏文学作品可分聆听和朗读、表演两个方面。这是为儿童提供交际语言和文学语言素材并培养他们对语言敏感性的重要内容。可从语言生成阶段开始，先由成人朗读儿歌（成人直接朗读或录音），逐渐地养成幼儿爱听文学作品的习惯，从而提高积极主动吸收语言信息的能力。为幼儿创造欣赏内容、形式不同的文学作品的条件，使他们得到以下语言能力的发展：

（1）聆听文学作品。

①注意听成人朗诵儿歌；

②集中注意力聆听成人朗读多种体裁的文学作品；

③反复聆听各种文学作品的朗读，养成对文学语言的爱好。

（2）朗诵、表演文学作品。

①跟随成人朗诵儿歌；

②参与成人朗诵作品中的对话；

③借助动作和表情参与朗诵，来表演作品的情节；

④分角色用道具表演文学作品。

（二）渗透的语言教育内容

这是充分利用幼儿各种生活经验，为幼儿提供广泛的、多种多样的运用和学习语言的机会，又根据各类经验的不同特点，发挥其对语言学习的不同作用，使幼儿从丰富多样的内容和活动中获得语言经验，使幼儿的语言能力获得更有效的发展。这些活动并不是新设计的，但从语言学习的角度对这些活动加以利用是以往语言教育所忽视的，有必要在此加以强调。

（1）认识自然界和社会生活的内容与幼儿需要学习的语言内容是一致的。在这类活动中幼儿获得的认识内容为语言形式提供了意义；同时学习运用语言作为工具指导其认知过程，可以提高幼儿认知效果，因为在感知、记忆、表征、概念化、符号化等认知因素中，是否有意识地运用语言，其效果有很大差异。

（2）学习生活常规的内容为幼儿提供机会，使其将社会文化习俗的学习与语言形式的规则和语言内容的学习结合在一起。一方面幼儿借助语言和认知来理解生活常规的意义，另一方面幼儿在执行常规的过程中，使其语言发生指导和调节的作用，从而提升学习效果。

（3）日常人际交往中，语言交际是核心。语言所表现的认知、情感、态度，对促进或妨碍正常的人际关系影响很大。因此，日常人际交往的经验对帮助幼儿学习“在不同场合，能运用恰当言语进行表述和交流”这样的社会性行为，是其他经验所不能代替的。

（4）自由游戏中的语言学习为幼儿提供运用语言与同伴进行交往的机会，包括同伴之间的语言交际及合作、分享中的语言调节作用。同时，在选择游戏内容、游戏同伴、游戏材料等过程中，运用语言指导和调节自己的行动；此外，自由游戏为幼儿创设了发展自我中心语言的有利情境，这是其他活动所不能提供的，而自我中心语言是社会交际语言发展的基础。

(5) 数学、美术、音乐等符号学习为幼儿提供运用语言符号和运用其他符号之间相互转换的机会，这些符号的运用一方面丰富了幼儿认知的内容和手段，另一方面增加了幼儿表达认识和感受的内容和方法；将它们与语言符号交叉使用，可以强化并深化幼儿对周围世界的认识并提升运用各种符号的能力。

(6) 大肌肉运动和精细动作等活动对促进幼儿大脑的发育、加速语言生理基础的成熟有重要作用，反过来，语言的运用又有利于提高肌肉活动的有意性、目的性和精确性，从而有利于促进幼儿多方面的发展。

渗透的语言教育内容具体表述如下：

1. 执行生活常规

语言在幼儿学习遵守生活常规中具有指导和调节行动的作用，因此执行生活常规的过程可以提供以下的语言教育内容，并使幼儿得到相应的语言发展。

(1) 注意倾听并理解成人对生活常规的意义及操作过程的讲解；

(2) 记住生活常规的操作过程并能按规定行动；

(3) 能集中注意力执行成人的指令，坚持完成任务；

(4) 能自觉地履行生活常规，不需要成人提示。

2. 日常人际交往

语言是建立良好人际关系的重要工具，随时随地考虑运用恰当的语言与别人交往，有助于多种社会行为的发展，也为个性的和谐发展打下重要基础。日常人际交往可提供以下语言教育内容，并使幼儿得到相应的语言发展。

(1) 能恰当地运用礼貌语言与别人交往；

(2) 能用语言向别人表达自己的需要，取得帮助；

(3) 对别人向自己提出的要求，做出恰当的应答；

(4) 在语言或行动上与别人发生矛盾时，能用恰当的语言处理关系。

3. 自由游戏

自由游戏活动可为幼儿提供运用与自身发展水平相适应语言的机会，同时为教师提供观察幼儿语言发展状况的机会。在自由游戏中幼儿可得到以下语言发展：

(1) 运用玩具结合动作自言自语，达到自娱或自我练习；

(2) 在平行游戏中积极运用自我中心语言以及简单的语言交际；

(3) 在合作游戏中积极主动地与同伴进行语言交往，并能用语言调节相互关系；

(4) 在自由选择游戏时，能对选择游戏的内容、伙伴、玩具、材料等做出决定；

(5) 遵守游戏规则及有关的生活常规。

4. 认识周围世界

在认识周围世界活动中，幼儿在获得各种认知内容的同时可以丰富语言内容；此外，语言可以发挥指导认知过程的作用，从而提高认知的效果。在内容丰富、形式多样的认识活动中，幼儿可以得到以下语言发展：

(1) 在教师语言的指导下，对自然界的事物、现象及其变化以及社会生活中人们的活动和相互关系进行观察，获得有关的知识和语言内容；

（2）在教师语言的指导下，集中注意感知并记忆所得信息，理解其中的各种关系，从而提高认知过程的有意性和目的性；

（3）在教师的帮助下，运用内部语言指导观察过程，从而提高认知的独立性；

（4）运用语言表述认知内容及认知过程中的情感，从而加强认知的深度，提高语言的运用能力。

5. *其他符号学习*

语言是幼儿学习数学、美术、音乐等其他符号的工具，语言在各类活动中发挥着指导学习的作用，而不是代替其他符号。这些学习内容和活动为幼儿提供以下语言教育内容和相应的语言发展。

（1）集中注意倾听教师布置活动任务，并坚持完成；

（2）在教学活动中用语言指导观察和操作并思考事物之间的数量关系，而不是靠背诵数目或算式来学习数学；

（3）在美术、音乐活动中，在语言指导下感受作品对自然界或社会生活的表达；

（4）运用集中不同的符号表达对周围世界的认识和感受，使不同符号的运用互相转换、互相补充。

6. *身体发展活动*

身体活动为幼儿提供机会理解有关表征动作、表征空间关系的词；教师运用语言结合动作，进行示范，讲解动作要领及活动要求，幼儿运用内部语言调节自己的动作，可以加强活动的有意性和目的性，从而提升活动的效果。在各种各样的身体活动中，为幼儿提供以下语言教育内容，并使幼儿得到相应的语言发展：

（1）能用恰当的词表示有关的动作、身体活动、身体所处位置等；能用动作、活动、位置等表示有关的词的意义；

（2）集中注意倾听并理解教师对动作的示范和讲解；

（3）自觉执行活动中的指令及对动作的语言指导，不断提高动作的准确度；

（4）注意倾听教师布置的活动任务，坚持完成任务，并达到要求。

三、幼儿语言教育活动内容的组织

幼儿期是人的一生中语言发展与运用的关键时期。幼儿只有具备了一定的语言素质，能够正确运用语言，才谈得上今后的全面发展。著名教育家乌申斯基说：“语言是一切智力发展的基础和一切知识的宝库，因而对一切事物的理解都要从它开始，通过它并恢复到它那里去。”因此，在幼儿期对幼儿进行语言教育活动具有重要意义。

（一）语言教育活动的类型与特点

语言教育活动的类型：文学教育活动、谈话活动、讲述活动、听说游戏活动、早期阅读活动。

语言教育活动的特点：语言教育活动的目的性和计划性，有利于儿童语言能力的全面发展；在整合的教育过程中，引导儿童主动参与，获得丰富的语言经验；学前儿童语言教育活动是一项专门的语言学习过程。

（二）语言教育活动的设计步骤

要促使儿童的语言得到很好的发展，就要通过组织正规的教育活动，对其进行有计划、有系统的语言教育。那么，我们该如何设计好一节语言教育活动课呢？

1. 选择符合幼儿年龄特征的题材（活动内容）

教师在选择语言教学活动时应从幼儿的实际出发，选择的内容应是孩子所熟悉的、感兴趣的。作品应形象鲜明生动、结构简单、情节有趣，如《小熊砍树》《乌鸦喝水》《小红帽》《小山羊和狼》等；作品的语言应浅显易懂，如《春天来了》《秋天的雨》《家》《梦》《伞》等，这些散文、诗歌意境优美、朗朗上口，题材既为儿童所熟悉，又符合现代儿童的认知能力及其特征。

2. 制定切实可行的活动目标（活动目标）

我们要想改变自己的观念，提高自己的教学水平，就必须用心去理解《纲要》中的语言教育目标。《纲要》中的语言教育目标是：乐意与人交谈，讲话礼貌；注意倾听对方讲话，能理解日常用语；能清楚地说出自己想说的事；喜欢听故事、看图书能听懂和会说普通话。

在制定语言教育活动的目标时，应该包括认知、情感与态度、能力与技能等三个方面的要求。通俗一点说，就是通过活动，了解幼儿知道些什么，愿意做什么，能够干什么。新理念指导下的幼儿语言教育活动，注重的是发展幼儿运用语言进行讲述的能力，目标的制定是从孩子的情感、认知、能力出发，措辞中常常使用喜欢、乐意、能、知道等词来进行描述，关注的是幼儿学习的过程。这种观念真正体现了“以人为本”的教育观念。以下是关于活动目标的两个案例分析：

幼儿园整体课程大班《绿色的书》（散文）活动目标：

（1）感受和欣赏散文的美好意境；

（2）理解散文优美的词句，学习仿照散文的结构续编诗句；

（3）培养幼儿的创造性思维能力。

《夏天的故事》（选图编故事）活动目标：

（1）能从许多独立的图片中，选择几个相关的图片组合在一起讲述一件事或一个故事，并能用相应的词汇进行描述，连贯而有表情地讲出；

（2）训练思维的灵活性、创造性。

在设计活动目标时我们应考虑活动目标的定位是否正确，即对教学者是否有教育价值，目标是否清晰，是否有可操作和可达成性。

3. 做好充分的活动前的准备（活动准备）

活动准备包括知识经验准备（如谈话活动）、物质准备和环境准备。环境准备：适合这个活动的活动场地（景）墙面等，通过这些物质环境和教玩具的制作给幼儿一种直观的感受，让他们置身于一种模拟的实景中，唤起幼儿情感上的共鸣，使其乐于说，敢于做，能激发幼儿积极应答，发自内心地去表述。应考虑教具是否简单实用，能否推动幼儿的学习。

4. 设计丰富多彩的教学过程（活动过程）

活动过程包括三大环节：导入活动、基本活动、结束活动。导入活动的形式是多种多样的，如猜谜语、律动、情景表演、谈话，借助图片、木偶，以动物身份或口吻做小游戏等，具体的形式要根据教学内容来设计。如在“乌鸦喝水”的活动中，可以以猜谜语的形式导入故事主题。在“捉迷藏”相关的活动设计中，以游戏形式导入。基本活动是教学活动的核心部分。《纲要》指出：语言教育应是听、说、读、写、观察、表演、思维、想象、操作等行为的整合，形式可以有谈话、讲述、故事表演、情景表演、指人偶表演、看图表演；或者根据语言学习的内容，自编一些有趣的教学游戏。因此在活动时教师应抓住各种契机，挖掘幼儿各方面的潜能，对幼儿的活动表现和教材内容应有一种整体性的意识，才能真正培养幼儿语言的综合素养和能力。这就要求教师在活动设计中以语言表述为主，引导和支持幼儿在与教师的合作中进行多方面的观察和感知，在不同层面的探索活动中运用与环境相宜的操作方式，同时进行多元化的合作分享，将整个活动有机地结合起来，让幼儿在单一的活动中获得综合性的提高。如在故事教学中可将听故事、看图说感受，以图或文字做记录、学表演、做游戏等活动与教学内容有选择地、有机地融为一体，既丰富了活动内容，引起了不同水平幼儿表现的欲望和兴趣，同时提高了幼儿运用语言的能力。关于如何具体设计课程，本书会结合优秀教案来进行分析。第三环节是结束部分，结束部分所占比例应当很少，有时候我们是在活动中自然结束，有时候结合音乐、绘画等活动结束。

5. *活动反思*

一节活动结束后，我们要从以下几个方面来进行反思：

(1) 活动目标的定位是否正确？对教学者有否教育价值？目标是否清晰？是否具有可操作、可达成性？

(2) 教具是否简单实用？能否推动幼儿的学习？

(3) 活动过程是否切实可行，行之有效？教师在活动中到底让幼儿获得了哪些方面的能力？活动中的哪些是形式化的、没有意义的？活动的哪些成分只会起反作用？

(4) 幼儿的学习是否主动？体现在哪些方面？

(5) 教师的提问是否有效？哪些是无效问题？教师对幼儿的回答是否积极回应？

(6) 教师的语言组织方式和体态语言有哪些方面需要改进？

详尽的活动设计应该在活动目标前说明设计意图。

(三) 各种类型语言教育活动案例欣赏与分析

1. *文学教育活动*

幼儿文学承载着一种文化，折射出一种人文精神，它往往没有精巧的修饰，没有严谨的逻辑，没有深藏的城府，而全然是一种大巧若拙，是一派最本真、最自然的生命感觉和意趣。幼儿文学最基本的艺术智慧之一，就是在看似天真简单的故事中隐藏着深邃的意义，隐藏着关于人与自然，关于感恩与冷漠，关于奉献与索取，关于美好与丑陋的一切常识、观念，幼儿在文学欣赏及体验中被感动着、感悟着，潜移默化地产生影响，形成一定的认识和生活经验，从而陶冶幼儿的情感，使幼儿人文素养启蒙得以实现。

文学教育活动的基本特征是围绕儿童文学作品展开一系列活动，整合相关学科的学习内容，提供多种与文学作品相互作用的途径，扩大儿童自主活动的范围。

幼儿文学教育活动设计与实施的基本结构是理解和体验作品经验，复述与朗诵、表演，迁移作品经验，仿编和创编，以及创造性地想象和进行语言表述。

文学教育活动设计实施应注意充分发掘文学作品的整体功能，在日常生活中渗透文学教育，不断充实时代感强、符合儿童欣赏情趣的作品。

在语言教学活动中，提问是教师与幼儿之间最直接、最常用的一种交流方式。我们要将新的教育观念落实到教育行为上，给孩子创设一个他们想说、敢说、喜欢说、有机会说并能得到积极应答的环境，促使幼儿思维的多样性、独特性和变通性，提问是创设这一环境的关键所在。在以往的语言教学活动中，教师讲完故事后，总是会问幼儿这样一些问题：故事叫什么名字？故事里有谁？故事讲了一件什么事？说明了什么道理？这样的提问固然对幼儿记忆故事有一定的作用，但太表面化、模式化，所提问题是单一的、回忆式的和封闭式的，没有给幼儿更多思考、想象和选择的余地。那么如何提问？提什么样的问题呢？

首先，是设置开放性问题，引起思索。

这是针对孩子好奇的特点，对其未知事物进行开放性的质疑，以此来点燃孩子投入活动的兴趣和求知欲。如在“城市老鼠和乡村老鼠”的活动中有这样一个问题：“城市老鼠到乡村去生活，乡村老鼠到城市去生活。你们觉得可能会发生什么事情呢?”老师巧设悬念，以引发思索。开放式问题包括判断性问题、假设性问题、创造性问题。这些问题没有现成的答案，不受故事语言和情节的限制，可以为幼儿提供创造性地想象和创造性思维的空间。开放性问题又具有一定的难度，需要幼儿搜寻以往的生活经验，联系实际对所提的问题予以分析、综合、比较、判断和推理。同时，开放式问题赋予幼儿一定的角色定位，幼儿在“设身处地”的情况下，与作品当中的人物产生情感共鸣，受到启发和教育，培养自身良好的品德习惯。如判断性问题有：“你喜欢故事中的谁？为什么?”“他这样做为什么对？为什么不对?”假设性问题有：“假如你是故事中的某个人物、角色，你会怎样做?”“假如你是他的朋友，会告诉他些什么?”创造性的问题有：“你身边和周围有这样的人和事吗?”“如果有，结果是怎样的呢?”“生活中你若碰到这样的事，你会怎么做?”这样的问题都可以培养幼儿在掌握概念和判断的基础上，根据事物的发展规律进行想象和推理能力。提高幼儿的思维发展水平，促进幼儿连贯叙述事物的能力。

其次，是变单一性的问题为多样性的问题。多样性的问题是对答案唯一的问题采用多种语言描述的思维定式。如对“故事中有谁”这一问题，假设答案只有一个，但问法不同，可能有多种语言描述，能使幼儿学会多种疑问句式，从多种角度了解事物，开阔思路，允许幼儿对同一问题做出不同的回答，这样，老师的问话就需要将“怎么说的、怎么做的”改成“会说些什么、可能怎么做”等。虽只是用词的不同，但幼儿的答案没有统一规定，不局限于故事原文，幼儿可以凭借日常生活积累的经验进行大胆的想象并启动创造性思维。

最后，是变回忆式的问题为启发式问题。启发式的问题能开启幼儿的心智，使幼儿乐学好学，并能引导幼儿思维步步深入。如在《小蝌蚪找妈妈》的故事中将“小蝌蚪分别问了哪些动物，它们是怎么说的，小蝌蚪为什么没有找到妈妈”等多个问题，综合成“小蝌蚪为什么问了那么多动物都没有找到妈妈?”这一个问题，其问题答案包含着事物的局部与整体之间的关系。教师的“为什么”“你从什么地方知道的”“为什么会有这样的结果”等问题都是启发式问题的具体落实。

2. 谈话活动

谈话活动的基本特征是拥有一个有趣的中心话题，拥有较丰富的谈话素材，注重谈话的多方交流，谈话的语境和氛围宽松自由，教师在谈话活动中起间接引导作用。

谈话活动的设计与实施的基本结构包括创设谈话情境，引出谈话话题；围绕话题，运用已有经验自由交谈；围绕中心话题拓展交谈内容，教师隐性示范新的谈话经验。

3. 讲述活动

讲述活动有参观游览讲述、看图讲述、生活经验讲述、情景讲述、想象讲述、图画书讲述、听声音讲述等。

讲述活动的基本特征包括讲述活动拥有一定的凭借物、讲述活动的语言是独白语言、具有相对正式的语言情境、需要调动儿童的多种能力等。

讲述活动的活动设计与实施的结构包括感知理解讲述对象，运用已有经验自由讲述，引进并学习新的讲述经验比如讲述的思路，讲述的全面性，讲述的基本方式，等等。

在讲述活动中，首先，在进行内容选择时，多选用一些有情节、有利于发展孩子思维的图片。其次，将设问贯穿在活动过程中。可先让孩子对画面有感性认识，提出描述性问题，如“是什么?”“有什么?”“是什么样的?”“有谁?”“在做什么?”“是什么表情?”等，让孩子描述画面的人物、景物、动态，对画面做出初步、基本的分解。接着，通过判断性问题，如“是什么关系?”“在什么地方?”“是什么时间?”“是什么天气?”“什么不一样?”“什么一样?”等，对画面进行综合判断。然后，提出推理性问题，如“在说什么?”“在想什么?”等，对画面外内容进行分析和判断。与此同时，还可结合“为什么?”“是什么原因?”“怎么知道的?”等分析性问题，使讲述由表及里，由里到外深入地开展。最后，教学方法采用大图片与小图片相结合、集中与分组相结合、看演相结合等方法，使孩子能主动去看、去想、去说；使孩子参与机会多、讲述顾虑少；使孩子能按想法或图片内容进行表演，进一步理解图片内涵，从而使孩子的讲述内容有头有尾、有情节有过程，孩子的语言表达也逐渐做到了言之有序。

4. 听说游戏活动

听说游戏活动的基本特征是语言教育目标内隐于游戏之中，游戏规则即为语言学习的重点内容，活动过程中逐步扩大游戏成分。

听说游戏活动的主要类型包括语音练习的游戏、词汇练习的游戏、句子和语法练习的游戏、描述练习的游戏。

听说游戏活动的活动设计与实施的结构包括创设游戏情境（目的是激发幼儿参与游戏的兴趣)，交代游戏规则，明确游戏玩法（目的是让孩子明白游戏的玩法，掌握应该说些什么、怎么做)，教师指导儿童游戏，儿童自主游戏。

5. 早期阅读活动

早期阅读活动的基本特征一是要有丰富的阅读环境，比如精神环境、物质环境，二是要与讲述活动紧密联系，三是应具有整合性的特点。

早期阅读活动的活动设计与实施的结构包括感知阅读（儿童自由阅读、师生共同阅读、儿童讲述阅读的主要内容)、体验阅读（师、幼对话回忆故事，集体阅读理解故事内容，引导幼儿完整讲述)、创造性阅读（角色表演故事、创编故事）等。

第四章

幼儿园语言教育活动设计

内容提要

在幼儿园语言教育活动的设计中，至关重要的是教育者要掌握语言教育活动设计的原则，它是教师设计与实施语言教育活动必须遵循的基本准则和基本要求。幼儿语言教育活动设计的主要原则有经验连续性原则、主体性原则和兴趣性原则。此外，幼儿语言教育方法是在幼儿发展语言理论的指导下，根据幼儿学习语言的规律、幼儿教育的目标以及多年来儿童语言教育的实践经验总结和归纳出来的，主要有示范模仿法、视听讲座综合法、游戏法、练习法、表演法等。

学习目标

1. 了解幼儿园语言教育活动的设计原则
2. 了解幼儿园语言教育活动的设计方法

幼儿园对儿童实施的语言教育活动，不同于家庭和社会对儿童实施的语言教育。幼儿园语言教育活动是有目的、有计划、有组织地对幼儿进行语言教育的过程。语言教育活动是实现语言教育活动目标的有效途径，是组织和传递语言教育内容的实施环节，也是落实语言教育任务的具体手段。幼儿园语言教育可以通过很多种途径来进行。可以说，凡是有语言参与的活动都可以对幼儿进行语言教育。《幼儿园教育指导纲要（试行）》强调，幼儿的语言能力是在运用语言的过程中发展起来的，而发展幼儿语言的关键是要创造一个使幼儿想说、敢说、喜欢说、有机会说并能得到积极应答的语言环境。

具体而言，幼儿园语言教育活动的设计包括幼儿园语言教育活动的设计原则和设计方法。幼儿园语言教育活动设计的主要原则有经验连续性原则、主体性原则和兴趣性原则。此外，幼儿语言教育活动的设计方法是在幼儿发展语言理论的指导下，根据幼儿学习语言的规律、幼儿教育的目标以及多年来儿童语言教育的实践经验归纳得来的，主要有示范模仿法、视听讲座综合法、游戏法、练习法、表演法等。

第一节 幼儿园语言教育活动的设计原则

在幼儿园语言教育活动的设计中，最重要的是教育者要掌握语言教育活动设计的原则，因为它是教师设计与实施语言教育活动必须遵循的基本准则和基本要求。作为幼儿园语言教育活动的设计者，教师在教育的活动过程中，综合运用各种理论，使教育活动形成科学合理的教育机制，并产生积极的效果，关键在于教师能否在语言教育活动中科学地遵循与运用设计原则。具体而言，幼儿园语言教育活动设计有以下四项原则。

一、幼儿园语言教育活动的经验连续性原则

教育活动的经验连续性是指在设计与实施幼儿语言教育活动中，教师既要了解幼儿已有的语言经验，又要考虑在此基础上为幼儿提供新的语言经验，使幼儿获得语言能力的发展与提高。幼儿教师在设计与实施任何一组或一个语言教育活动的过程中，都必须考虑到幼儿的语言经验，要在幼儿已有语言经验的基础上进行设计与实施。只有以幼儿已有的语言经验作为基本设计的出发点，才能保证新的语言活动符合儿童语言发展的需要，才能使设计与实施的幼儿语言教育活动对儿童的语言发展起到真正的促进作用。

苏联心理学家维果茨基曾经提出“最近发展区”的理论，该理论认为儿童发展心理存在两种水平：一是儿童目前已经达到的心理发展水平，二是儿童在成人或同伴的帮助下能够达到的发展水平。这两种水平之间的差距就是儿童的最近发展区。幼儿的语言教育活动的设计与实施应该着眼于幼儿的最近发展区，为幼儿提供有一定难度的学习内容，调动幼儿的学习积极性，激发幼儿挑战困难的勇气，促进其发挥潜能，超越最近发展区，从而达到更高的发展水平。

从这个理论出发，教师在设计语言教育活动时，首先要考虑的是幼儿已有的语言经验。语言经验表明了当前幼儿语言发展的实际水平，这是设计语言教育活动的起点。如果不掌握班级儿童已有的语言发展水平，设计的语言活动就有可能达不到效果。其次，为幼儿提供的新的语言经验，应该建立在原有经验的基础上，让幼儿通过努力达到新的语言目标，这样才能激发幼儿的学习兴趣，让幼儿在挑战中获得语言能力的发展和进步。

因此，教师在设计语言活动时，需要深入学习理论知识并不断进行尝试，全面准确地评估全体幼儿的语言发展水平和发展潜力，在活动内容的设计中要使用语言难度略高于幼儿现有发展水平的材料，但又确保其不会超出幼儿所能接受的范围，是幼儿经过一定的努力都能掌握的内容；在活动方法的选择上，综合运用各种教育活动方法，并在实践中不断加以整合改进；教师在进行语言知识的传授时，要注意知识的逻辑顺序和幼儿的认知能力，在幼儿的最近发展区组织教育活动，促使幼儿的语言知识体量像滚雪球一样不断增多。例如，在小班幼儿进行《咏柳》这首古诗的教育活动时，教师应该明白，有些幼儿可能接触过柳树，具有一定的生活经验，有些幼儿则可能没有接触过柳树，没有相关的生活经验。基于此，教师在活动开始时应该借助图片、音像资料等教育活动的辅助手段唤起幼

儿对柳树的整体感知，形成对柳树的初步认识，之后再进入古诗的语言学习，使幼儿进一步认识柳树的美，从而引发幼儿与诗人内心情感的共鸣，以及强烈的语言表达动机，进而达到古诗教育的目的。

二、幼儿园语言教育活动的主体性原则

主体性是指人的主体意识和倾向以及人作为主体所具有的各种功能属性的总和。它主要表现为主体的能动性、积极性、主导性和创造性。主体性是人的自然性和社会性的综合体，其中最核心的部分是创造性。人的主体性与发展问题已经成为我国教育基本理论研究中的一个重要课题，教育界也达成了一个共识，即教育的根本目的在于发展和培养人的主体性。在学前教育研究领域，幼儿的主体性是指幼儿在其对象性活动中表现出来的自主性、能动性和创造性。幼儿期是人的主体性初步确立的时期，主体性教育是幼儿素质教育的重要内容。

语言教育活动的主体性原则指的是语言教育活动的一切组织和设计都要围绕幼儿进行。作为幼儿教师，要树立正确的语言教育理念，注重发挥幼儿的主体作用。首先，在设计和实施语言教育活动时，确立幼儿是独立的人，是语言活动主体的思想。教师要充分相信幼儿有能力通过语言主动地探索周围的世界，发现知识并创造知识。其次，承认幼儿在语言发展速度、发展水平、发展特点上的差异。允许幼儿独立地思考、决策，独立地解决问题和表达思想，让幼儿根据自己的能力与兴趣选择语言学习内容，确定学习方法，安排学习计划，评价学习结果，并形成积极的自我暗示。最后，确立幼儿是在学习中成长的观念。要用发展的眼光看待幼儿的语言学习能力，因为幼儿总是以自己已有的经验、心理结构为基础来选择信息，得出结论，并以这些结论来建构自己对世界的认识，教师必须重视幼儿已有的生活经验和现实环境对幼儿的影响。尊重差异、发挥主体意识的个性化教育才是适合幼儿语言教育活动的教育。

三、幼儿园语言教育活动的兴趣性原则

兴趣是最好的老师。幼儿只有在对外界事物产生浓厚兴趣的情况下，才会高兴地进行语言学习。作为一名成功的幼儿教师，培养幼儿的学习兴趣是非常重要的。兴趣是幼儿学习的前提、保证和动力。幼儿注意力的集中程度、保持时间长短以及幼儿情绪当中积极的部分都是由他的兴趣决定的。

语言学习需要大量的模仿、重复和记忆等自觉或不自觉的机械练习，是一种较为枯燥的活动，而幼儿的有意注意、坚持性和自制力发展尚未稳定，这就要求教师要重视激发幼儿学习英语的兴趣，善于抓住幼儿的好奇心，调动幼儿的情绪、情感，采用直观、形象的教具和生动有趣的教学方法，结合现代化的多媒体教学手段，使幼儿怀着浓厚兴趣和强烈的求知欲接受语言符号，接受语言教育。教师应以幼儿的兴趣为先，为幼儿创设轻松、活泼、生动和真实的学习环境，避免使幼儿产生焦虑、厌倦等情绪障碍，对幼儿的学习产生消极影响。

在兴趣状态下，认知活动能够为学习者带来轻松、兴奋、愉悦等积极的情绪体验，促使学习者主动地推动认知探索的视角向深层次延伸，从而提高认知的系统化及概括化水平。与此同时，兴趣逐渐与个体的智力、意志等品质相结合，共同作用于学习活动，使学习者逐渐成为自我认同感强、意志顽强、充满活力的个体。因此，只有基于兴趣的语言学习才能有效地激发和维持幼儿的学习热情，增强他们对语言符号体系的敏感性，树立运用语言进行交往的强烈意识，为其未来系统而深入地学习语言打下良好的基础。

第二节 幼儿园语言教育活动设计的方法

幼儿语言教育的方法，从本质上来说是成人为发展幼儿语言创造条件、提供机会，让儿童参与各种丰富多彩的活动，支持、鼓励、吸引幼儿在与人、物、环境、材料等交互作用的过程中，学习和发展语言。幼儿语言教育方法是在幼儿发展语言理论的指导下，根据幼儿学习语言的规律、幼儿教育的目标以及多年来儿童语言教育的实践经验归纳出来的，主要有示范模仿法、视听讲座结合法、游戏法、表演法、练习法等。

一、示范模仿法

示范模仿法是指教师通过自身规范化教学，为儿童提供语言学习的模板，让儿童始终在良好的语言环境中自然地模仿学习，有时候也可以由语言发展较好的儿童示范。这一方法的运用须注意以下几点：

第一，教师的示范语言一定要规范到位。在幼儿园里，教师的语言是幼儿主要的模仿对象，教师的一言一行、一举一动，幼儿都会看在眼里、听在耳里，并进而成为他们模仿和学习的对象。例如教师说什么，怎么遣词造句，说话时的态度、表情和手势，以及教师对别人说话的反应等，都对幼儿都起着非常重要的示范作用。一般来说，幼儿的语言主要来自成人，很少来自同龄伙伴，这也是幼儿园语言教育要求老师规范运用语言的原因。

第二，教师的语言要正确、清楚、响亮，并且富于表现力和感染力。发音清楚、准确是对教师语言的基本要素，无论何时何地，教师都要给幼儿提供规范的语言示范。所谓的规范语言是指教师的语言，包括语音、词汇、语法等方面均要符合“全国通用的普通话”的规范。在语音方面，教师要使用符合普通话的标准发音，做到发音清楚，吐字准确，不使用方言，不念错字。如避免出现将“吃肉”读成“吃漏”，将“灯笼”读成“咚隆”，将“叔叔”念成“福福”等的情况。在词汇方面，不使用方言，不生造词汇，不使用网络上流行的“新词”。如不说“很酷”“美眉”等词语。在语法方面，力求避免搭配不当、语句不通等不规范现象。在修辞方面，避免用词不当、前后矛盾的话。总之，教师应该熟练掌握普通话的语音、词汇和语法知识和技能，顺畅、准确地使用普通话。规范性还指教师不说半句话，不模仿幼儿的“娃娃腔”，例如不要把“吃饭”说成“吃饭饭”，把“汽车”说成“车车”。教师规范使用语言，除了要发音清楚、正确外，还要注意语言的表达要富有表现力和感染力，例如讲话时要辅以自然的表情和恰当的手势，运用适当的音量、语调、速度等。特别是幼儿说话时要适当放慢语速，让孩子能听得懂、能理解，只有听懂，理解了，才能创造性地模仿。

第三，教师要注意使用具体易懂的句式。幼儿对语法结构的掌握是从不完整句到完整句、从简单句到复合句，尤其是小班幼儿，他们很难理解太过复杂的句子，所以教师要用具体易懂的句式，尤其是对幼儿说出语言指令，更要简单、明确、规范，避免说幼儿不能理解的“反话”。

第四，教师要把握好示范的时机和力度。

语言教育中一些新的、幼儿不易掌握的学习内容，教师要反复地重点示范，如难发准的音（翘舌音 n 和 l），新词句的学习，人物的对话，连贯的讲述，需要儿童作为仿编参照的原词句等，要让儿童有意识地进行模仿学习。例如，幼儿园中班故事讲述活动“三只蝴蝶”中，三只蝴蝶请求红花、黄花和白花时说的话，三种花拒绝三只蝴蝶时说的话，以及三只蝴蝶坚持“相亲相爱不分开，要来一块来，要走一块儿走”的话，都要让幼儿反复学习，帮助他们学习新词，学会人物对话，进而学会用连贯的语言来讲述故事。

第五，善于利用激励方法，引导幼儿大胆模仿。

在语言教育活动中，教师要时刻关注幼儿的语言表现，善于发现幼儿语言发展的差异，因材施教，及时发现幼儿语言中的积极方面，恰当运用激励方法，对幼儿进行引导，鼓励幼儿大胆地模仿。教师示范后，可以让语言发展较好的幼儿做示范者，再次为同伴提供模仿学习的榜样，提供儿童模仿学习的兴趣。此外，当幼儿的语言不够精确时要及时指出错误，但方式一定要委婉，可以再次为幼儿示范正确语言，但不要伤害幼儿学习的兴趣，更不要重复幼儿不正确的语言，以免降低其学习的积极性。

二、视听讲做结合法

视听讲做结合法是依据“直观法”和“观察法”，结合幼儿语言学习的特殊性而提出的一种方法，教师同时采用视、听、讲、做相结合的方法。所谓“视”是指教师提供具体形象的讲述对象，如实物、图片、图书、现象、情景表演等，为幼儿提供语言学习的材料；所谓“听”是指教师通过用语言描述、启发、引导、暗示、示范等方法，让幼儿充分表述自己对事物的认识；所谓“讲”是指幼儿在感知理解的基础上，运用语言充分地表达自身对事物的认识；所谓“做”是指教师为幼儿提供一定的想象空间，通过使儿童参与或独立操作活动，帮助幼儿运用更加丰富、连贯、完整、富有创造性的语言进行表述。这四个方面的内容必须有机地结合起来：“视”“听”的内容必须通过“讲”和“做”反映出来，在一定程度上，“视”“听”“讲”都是为“做”服务的，并在认真“讲”的过程中促进幼儿语言能力的发展。这一方法的具体运用要注意以下几点：

第一，教师所提供的语言教学辅助材料应来源于幼儿的生活。教师为幼儿提供的语言教学辅助材料应该是幼儿接触过的、较为熟悉的，或者是符合幼儿认识特点的材料，只有这样才能被幼儿所理解，才能更好地促进幼儿语言能力的发展。

第二，教师教会幼儿观察的方法，给幼儿一定的时间和空间。在观察讲述对象时，教师要留给幼儿一定的观察时间和空间，使其有足够的时间进行充分的观察和理解。

第三，教师的提问要具有开放性。教师通过设计顺序性、启发性的提问，帮助幼儿开放性地构思与表达，而不是让幼儿做出"是"或"否"这种单一性的回答。

第四，根据幼儿语言发展实际水平，提出不同的表述要求。不同年龄的幼儿，语言的实际水平有所不同，在表述能力方面的具体目标也不尽相同。例如，对小班幼儿的要求是，能用简短的语言表达自己的请求和愿望，能独立地讲述图片和自己感兴趣的事；对中班幼儿的要求是，能用完整的语句较为连贯地讲述自己的经历或图片内容；对大班幼儿的要求是，能连贯地讲述一件事或图片内容，有表情地表演诗歌、故事，并能自编或与同伴一起仿编诗歌、故事。因此，教师在让幼儿讲述时，要根据幼儿的语言发展水平，提出相应的表述要求。

总之，运用视、听、讲、做结合法学习语言，可使幼儿的多种感官同时参与到学习中，在促进语言发展的同时，也获得了认知发展。

案例　　**中班语言活动教案：小苹果树请医生**

活动目标

一、通过故事了解啄木鸟医生的特点

二、通过故事了解啄木鸟是人类的好朋友，树立保护动物的意识

活动准备

一、找到关于啄木鸟的图片、图书

二、找到关于啄木鸟、猫头鹰、喜鹊的标本或挂图

三、自制头饰等

活动过程

一、导入

今天，我们来练习讲故事，故事的名字是《小苹果树请医生》（板书课题）。

提问：读了课题，你有问题吗？让我们带着问题走进故事中。

二、看图说话，练习讲故事

1. 出示挂图，让幼儿先看看有几幅图，找出顺序

2. 指导幼儿仔细看图，练习说话

3. 老师提出相关问题激发幼儿用心看图找答案

（1）小苹果树为什么要请医生？

（2）小苹果树请了哪些医生？医生为什么没办法给老苹果树治病？

（3）小苹果树分别是怎样说的，又是怎样做的？

（4）啄木鸟医生又是怎样说的？怎样做的？

三、讲故事，演故事

1. 出示挂图 1"哭泣的老苹果树和小苹果树"

提问：知道老苹果树为什么哭吗？（树叶发黄，生病了）

目的：引导幼儿想象老苹果树和小苹果树的对话。

2. 小苹果树请医生

(1) 讲故事：一只小喜鹊飞来，小苹果树又失望地低下了头，不说话了。

分别出示喜鹊、猫头鹰插图。

提问：喜鹊、猫头鹰分别和小苹果树说了什么？又是怎样做的？猜猜它们此时的心情怎样？

(2) 讲故事："第二天，……结出了一个个又大又甜的苹果。"

提问：A. 是谁治好了老苹果树的病？它是怎样治病的？

B. 为什么喜鹊和猫头鹰不能治好老苹果树的病，而只有啄木鸟才能呢？

要求孩子复述啄木鸟捉虫子时的神态："用爪子抓紧树干，用尾巴撑住身子，用坚硬的嘴在树干上使劲地敲起来"，"把坏的树皮啄掉，找出被虫子吃的洞，再从里面揪出一条胖胖的虫子来"。

3. 出示挂图2

引导孩子观察啄木鸟治病以后老苹果树的样子：老苹果树的病治好了，叶子慢慢变绿了。秋天，果园里的苹果树上结出了红红的果子。

4. 出示图片，老师和幼儿共同做小结

每种动物都有自己的本领，我们不能片面地看待它们，如，喜鹊捉树干和树枝上的虫子，猫头鹰捉田鼠，啄木鸟会啄出树洞里的虫子等。动物是自然界不可缺少的部分，是人类的好朋友，我们要爱护它们。

5. 师生共演，进一步理解故事内容

老师扮演苹果树，幼儿自由选择角色（喜鹊、猫头鹰、啄木鸟）来扮演，并戴头饰进行对话练习。

活动延伸

讨论：小朋友还知道哪些自然界的动物医生？我们应该怎样保护它们？

活动总结

故事描述的是老苹果树生病了，小苹果树请来了喜鹊、猫头鹰、啄木鸟几位医生，最后只有啄木鸟为老苹果树治好了病，情节生动有趣。通过故事的学习，了解有关啄木鸟等动物的知识，感受动物是自然界不可缺少的部分，是人类的好朋友，培养幼儿认识自然界的能力。

资料来源：http://www.jy135.com/html/zhongbanhuodong/zhongbanyuyanjiaoan/2013/1101/52982.html.

三、游戏法

游戏法是指教师运用有一定规则的游戏，训练幼儿正确发音，丰富幼儿词汇和句式的一种方法。游戏是最符合儿童年龄特征的活动，是幼儿园语言教育中常见的活动方式之一。采用游戏法的目的是在游戏中提高幼儿的学习兴趣，集中幼儿的注意力，让幼儿的大脑和各种感官处于积极的活动状态。幼儿园语言教育活动中运用游戏法要注意以下几点：

1. 根据幼儿语言教育目标和内容选择和创编游戏

语言游戏是为教学服务的，属于教学游戏。因此，在语言游戏中应有明确的教育目标，有具体并便于幼儿理解的游戏规则，以达到训练语言能力的目的。

案例　**小班语言游戏：听指挥**

活动目标

一、在游戏中体验听指令开展活动的快乐

二、培养幼儿注意倾听的态度和习惯

活动准备

一、场景布置：草地、小路（山洞、蚂蚁洞）

二、录音"小鸟的叫声"

活动类型

一、室内听指令动作

1. 引发倾听兴趣

放录音：小鸟的叫声

提问："听听是什么声音，你是用什么来听的？"

2. 听指令动作

（1）脸部动作。

a. 噘起嘴巴，做只小猪。

b. 捏捏鼻子，做一只狐狸。

c. 一眼睁，一眼闭，做一只调皮的小猴子。

（2）手指动作。

a. 变把手枪"嗒嗒嗒"。

b. 变个相机"咔嚓，咔嚓"。

c. 变把小榔头，修修小椅子，"叮咚，叮咚"。

（3）身体动作。

a. 站起来，转个圈。

b. 做一只母鸡，拍拍翅膀，下个蛋。

c. 做一只青蛙，呱呱叫，去抓花蝴蝶。

d. 打鼓，敲锣，吹喇叭，放鞭炮。

二、室外听指令动作

1. 小兔子捡树叶

小兔子，蹦蹦跳，跳到树下捡树叶，一只小兔捡一片，许多小兔捡许多。

2. 小蚂蚁搬豆

小蚂蚁，快快爬；小蚂蚁，慢慢爬；小蚂蚁，去搬豆，一只蚂蚁搬一粒，搬进洞里放放好。

2. 创设游戏情境，激发学习兴趣

在运用游戏法进行语言教育活动时，教师应根据游戏需要，创设一定的游戏情境，同时配合教具和学具的使用，来激发幼儿的学习兴趣。例如，在幼儿园小班语言游戏"可爱的小动物”中，考虑到小班幼儿思维的直观动作性和具体形象性的特点，老师制作了背景图和动物贴图，还做了动物头饰，辅之以“动物汽车”的游戏，这些都是符合小班幼儿学习特点的。但随着幼儿年龄的增长，应该逐渐减少直观性材料，在大班则可以适当开展纯语言性的游戏活动。例如，大班幼儿对于反义词有了一定理解，并且有了初步的积累，教师可以组织幼儿进行说反义词游戏。如，好坏、大小、长短、快慢等反义词，教师可以边拍手边说“我说好”，幼儿则边拍手边说“我说坏”。这样反复练习，可以使幼儿在轻松愉快的氛围中积累词汇，达到语言教育的目的。

案例

中班语言游戏：找相反

活动目标

一、引导幼儿积极思维，理解相反的含义

二、体验游戏的愉悦感，发展幼儿口语表达能力

三、能准确找出意义相反的一对事物，感知生活中的很多事物特征相反

活动准备

一、实物

箱子、皮球（大、小）、棍（粗、细）、线绳（长、短）、纯净水瓶（冷、热）、书（厚、薄）、秤砣和泡沫塑料（重、轻）、橡皮泥和石头（软、硬）、装木珠的饮料瓶（多、少）。

二、图片

白天、黑夜，胖、瘦，上、下，睁眼、闭眼，笑、哭。

活动过程

一、通过实物引导幼儿理解相反的含义

1. 出示奇妙的箱子引起幼儿兴趣。

2. 让幼儿观察箱子中的实物及其不同之处，并积极用语言表述出来。比如皮球的大、小，硬、软，粗糙、光滑等特征。

小结：像这样大和小、硬和软、粗糙和光滑等词就是表示相反的意思。

二、游戏：“找朋友”

幼儿每人从箱子中找出一件物品，通过观察、触摸等比较的方法自主探索，独立发现这一物品特征的相反面，与拥有和自己手中所拿物品的特点相反的另一位同学成为好朋友，并将两样物品相反的特点大胆积极地用语言表达出来。如“我有一瓶热水”“我有一瓶冷水”“我的书薄”“我的书厚”等等。

三、图片游戏：“找相反”

启发幼儿观察大图片，通过比对、思考，选出两个意思相反的图片，并用身体动作适当表达。

四、说相反

请小朋友想一想，在我们的周围，我们的生活中还有哪些事物的特点是相反的？（延伸——你怎样把一件坏事情变成好事情呢？如何让噪声变得好听？引导幼儿向事物积极的方面进行换位思考。）

五、师幼互动游戏——“说相反”，体验语言交流的乐趣

结束活动

让孩子们听着音乐，跟着节奏变换走动的方式，走出活动室（如脚步轻重、快慢，等等）。

3. 加强个别指导

由于家庭、教育、个性等特点的不同，同一年龄幼儿的语言发展水平各不相同，甚至相差甚远。教师在语言游戏中就要做到在面向全体幼儿的同时，加强对个别学习能力和水平较弱的儿童的指导，对其进行重点帮助，使处于不同水平的幼儿的语言能力都能在愉快的游戏情境中获得提升。

四、表演法

表演法是指在幼儿在教师的指导下扮演文学作品中的角色，根据作品情节的发展，通过对话、动作、表情等再现文学作品，以提高口语表现力的一种方法。这一方法的具体运用应注意以下要求：

1. 理解并熟悉作品

运用表演法进行语言教学要求幼儿必须理解并熟悉该文学作品，这就要求教师通过各种方式加深幼儿对作品的理解，使其梳理掌握作品。例如小班故事《小兔子乖乖》，教师可以在讲完第一遍故事后再设计几个问题让幼儿回答：（1）小朋友们看看我们这张图里有什么？（2）兔妈妈有几个宝贝，都叫什么名字？（3）兔妈妈是怎样让小兔子开门的？（4）大灰狼是怎样让小兔子开门的？以此增加幼儿对故事内容的理解。

2. 体验角色，学习对话

为了有效地达到语言教育目标，教师必须在幼儿理解故事内容、熟悉人物对话以及体会角色的基础上，指导幼儿正确运用语言、表情、动作等进行角色扮演，再现故事情节。例如，在上述故事中可以让幼儿想象兔妈妈唱儿歌时的表情和声调、大灰狼的表情和声调，并让他们用语言表达出来，由此来增强幼儿对故事角色的认知和体验，增强表演的真实性和情景性。

3. 鼓励幼儿进行创造性的表演

语言教育活动中的表演游戏不同于文艺表演，语言游戏是为语言教育活动服务的，为了更好地发展幼儿的语言能力，丰富幼儿的词汇量，同时为了提高幼儿的想象力，教师应该鼓励幼儿在表演中对故事内容进行创编，如增加人物对话，增加故事情节等，让幼儿进行创造性表演。

案例 **中班语言活动：小老鼠和大老虎**

活动目标

一、理解故事内容，了解小老鼠和大老虎彼此由潜在矛盾，到爆发矛盾，再到友好相处的全过程。

二、能仔细观察画面，大胆推测故事情节的发展，初步体验角色的心理变化过程。

三、懂得要与朋友平等相处、同甘共苦。

活动准备

故事录音、图片10幅（可装订成绘本）。

活动过程

一、出示角色进行对比，引发认知兴趣

1. 今天来了两位客人，看看是谁?

2. 大老虎长得怎么样？小老鼠呢？（丰富词汇：又高又壮、又瘦又小）

3. 它们可是好朋友，你想到了吗？你也有好朋友，想想好朋友在一起会做哪些有趣的事？（幼儿联系生活经验自由猜想）

分析：将角色之间的差异对比作为活动的导入部分，在给幼儿以强烈的视觉冲突的同时，更激起了幼儿的认知兴趣，同时调动幼儿的已有经验，使他们展开合理的推理和想象。

二、猜想引出故事前段，体验角色的心理

1. 看看小老鼠和大老虎在一起做什么？（出示3幅图：好人、坏人游戏，分蛋糕，采野花）

做游戏时谁会做好人？谁会做坏人？为什么？（鼓励分角色表演）怎么分蛋糕？谁去采野花？

2. 听A段故事：我们听听它们是怎么做的，可要听仔细了，听听它们的问题出在哪里？

教师小结："对呀，好事都让大老虎做了，吃亏的事总让小老鼠做。想想小老鼠的心情会怎样？小老鼠不开心的时候总要说一句什么话？一起来学一学。"（提醒幼儿在回答时把小老鼠的神态表演出来）

分析：从事件发展的线索入手，先让幼儿结合故事中的角色特点充分发表自己的见解，然后再听故事进一步体验小老鼠的心理变化，巧妙地前置核心内容并简化对它的理解。

三、讲述第二段，引发幼儿讨论，迁移经验

1. 虽然两个朋友之间有点小问题，但它们还是很好的朋友，可是有一天发生了一件事情，小问题变成了大问题，一起来看一看。（出示大老虎踢翻城堡的图片）

2. 是什么事情？（鼓励幼儿看着画面说一说）

3. 大老虎把小老鼠精心搭建的城堡踢飞了，小老鼠的心情怎么样？猜猜它会怎么做？

4. 看看小老鼠怎么做。（引导幼儿仔细观察画面）它会对大老虎说什么？（一起学一学小老鼠勇敢反抗的话，并为小老鼠的勇敢鼓掌）

5. 看到小老鼠这样，大老虎会怎么做？教师提示："大老虎也不想失去小老鼠这个朋友。"

6. 组织讨论：如果你是大老虎，会想什么办法来挽回小老鼠这个朋友？

进行角色扮演，迁移经验（鼓励幼儿把想到的办法表演出来，请1～2名幼儿上来示范表演）

分析：此环节的目的是帮助幼儿理解作品的核心内容——"强势和弱势的朋友之间该如何交往"，体验小老鼠由原来的逆来顺受转而勇敢反抗的心理变化，并鼓励幼儿大胆地表演，进一步深入体验情节的变化，引发幼儿的共鸣。

四、讲述第三段，让幼儿体验角色的心理转换

1. 看看大老虎是怎么做的。(出示4幅画面，逐一进行对比，引导幼儿观察和讲述图片内容)

2. 小老鼠看到大老虎改变了，心情怎么样？会原谅大老虎吗？为什么？

3. 是不是这样呢，我们一起来听听看。(欣赏B段故事)

4. 两个好朋友终于和好了，但是大老虎如果经常要迁就小老鼠，它的心情会怎样？那么，好朋友到底应该怎么相处？(在幼儿讲述的基础上，教师进行提炼)

分析：由于故事的两大情节之间存在着一定的逻辑关联，因此教师在展示图片的时候，有意识地将图片对应排列，从视觉上帮助幼儿理解情节的发展，在理解的基础上鼓励幼儿将自己的感悟表达出来。

五、装订成绘本完整地欣赏故事，进一步理解故事的内涵

教师："这真是个有趣的故事，我们还可以做成一本漂亮的图书，一起来讲一讲。"(师幼共同讲述故事)"这个故事告诉我们一个什么道理？"

分析：此环节设计考虑到绘本是一个有机的整体，因此巧妙地收起展板上的图片——一张一张地叠放—看封面上的题目—贴上两个主要人物—用夹子夹起图书，然后师幼共同翻看并讲述大书。这个过程就像把一颗颗珠子串起来成为一个整体，给孩子以完整的印象。

活动延伸

教师：(出示新图片) 小老鼠和大老虎的问题终于解决了，可是又出现了新的问题，是什么呢？(犀牛) 三个或者更多的朋友在一起应该怎么相处呢？大家回去可以讨论一下，将你的好方法告诉其他小朋友，好吗？

分析：在活动的结束部分，引出犀牛，用意是让幼儿思考更多的朋友应该怎么相处，这使活动内涵得以延伸，进一步拓展了幼儿对文本的想象和创造。

五、练习法

练习法是指在语言教育活动中，教师有意识地让幼儿多次使用同一个语言因素（如语音、词汇、句子等），或训练幼儿某方面语言技能技巧时专门采用的一种方法。通过练习法，幼儿可以加深对内容的理解，牢固掌握有关语言知识，并熟练掌握语言技能。练习法是语言教育活动中经常使用的一种方法。具体运用有以下要求：

1. 明确练习目标，提高练习要求

在每一次练习前，教师都要对幼儿提出明确的练习目标，并在此基础上不断提高练习的要求。例如，绕口令《四和十》的练习目标是让幼儿分清平舌音和翘舌音。在刚开始学习时，教师可让幼儿练习读准"四"和"十"两个音，然后放慢速度让幼儿练习，当幼儿基本掌握发音后可以适当提高要求，加快速度。这一过程中需要注意的是应该循序渐进，切不可因为速度的提高而降低练习的质量。

2. 变换练习形式，激发练习兴趣

幼儿教师在运用练习法进行语言教育活动时，要注意变换多种练习形式，采用生动活泼的形式进行练习，也可以开展独创性练习，避免简单、枯燥的机械重复。例如，练习可

以根据内容采用一问一答的方式或通过分角色的方式进行，也可以通过游戏或表演的方式进行。总之，教师要为幼儿提供充分练习机会的同时，以多种形式激发幼儿的语言兴趣，让幼儿在练习中获得语言技能，促进语言的发展。

案例

小班语言游戏：小黄鸡去看戏

活动目标

幼儿能根据动作说出看的是什么戏。

活动准备

母鸡与小黄鸡头饰。

活动过程

1. 教师扮演母鸡，手拿几个小黄鸡形状的头饰走到一位幼儿面前，问："我的小黄鸡在哪里?"这位幼儿就发出"叽叽叽"的叫声。教师说："你是我的小黄鸡。"并将头饰给幼儿戴上。以后用同样的方法给每个幼儿戴上小黄鸡头饰。
2. 小黄鸡要去看戏了，边念儿歌边做动作。
3. 让孩子根据动作说出看的是什么戏，如孙悟空打妖怪等。

附儿歌：小黄鸡去看戏

小黄鸡，叽叽叽，骑着小车去看戏，骑到东，骑到西，猜猜看的什么戏?

案例

中班语言游戏：捉迷藏

活动目标

1. 学习正确地运用方位词，比如，里外、上下。
2. 能大胆地讲述，提高口语表达能力。

活动准备

创设情境：兔妈妈家（房子、树、小桥、草地），各种玩具小动物。一名幼儿扮演兔妈妈。

活动过程

1. 教师带领幼儿去兔妈妈家做客，运用方位词找找小动物在哪里?找到后说："我在（××）（替换成方位词）找到了谁（××）。"
2. 幼儿藏，教师和兔妈妈找。兔妈妈说："我一个也没有找到，你们能告诉我刚才你们藏在哪儿了吗?"（幼儿介绍："我藏在了……"）
3. 一半幼儿藏，一半幼儿找。幼儿介绍："我在××地方找到了谁"，或"我藏在了××地方。"

上述几种方法是幼儿园语言教育活动中较为常见的方法。教师在实际运用中，还需结合本班幼儿语言发展和学习的特点，选择和创造更为恰当的教育方法。同时还需注意这种语言教育方法的相互配合和交叉运用，综合运用各种方法，更好地达到幼儿语言发展的目标。

下面以幼儿园语言活动案例为例，分析在进行语言教育活动中可以采用哪些方法。

案例

语言活动：落叶

活动目标

一、欣赏语言艺术美

通过幼儿欣赏散文，感受散文的语言艺术美，培养幼儿对文学作品的兴趣。

要求幼儿能跟着老师有感情地朗诵散文。

学习词汇“飘落”。

二、理解散文内容，引发联想，促进幼儿想象能力的发挥

三、培养幼儿热爱大自然的情感

活动准备

一、幼儿人手一册《儿童用书》

二、多媒体课件及有关录音

三、头饰：小虫、蚂蚁、鱼、燕子

活动重难点

重点：通过看、听、说等多种教学形式，激发幼儿学习兴趣，帮助幼儿理解散文内容，初步学会有感情地朗诵散文，感受散文的语言艺术美。

难点：在理解散文的基础上，进一步拓宽幼儿的想象力。

活动过程

一、开始部分

引题：采用“大风车”栏目组为小朋友寄来礼物的形式引入课题，激发幼儿的学习兴趣。

二、基本部分

1. 探索散文内容

(1) 提出阅读要求。

(2) 幼儿自由阅读。

(3) 教师提问：“你在书上看到了什么？”

2. 幼儿完整地欣赏配乐朗诵散文（录音）

教师提问：“散文的题目是什么？”

散文里说到了哪些小动物？（有……有……还有……）

3. 出示多媒体课件，通过听、看、说帮助幼儿理解散文内容

(1) 教师有感情地、完整地朗诵一遍散文。

(2) 分别出示课件理解内容：

教师出示课件1，提问：“秋风吹来了，树上的树叶发生了什么变化？”

（丰富词汇：飘落）

教师出示课件2，提问：“树叶落在了哪里？谁看见了，把它当作什么？”

教师出示课件3，提问：“树叶又落在了哪里？谁看见了，把它当作什么？”

教师出示课件4，提问：“树叶还落在了哪里？谁看见了，把它当作什么？”

教师出示课件5，提问："树叶最后又落在了哪里？谁看见了，把它当作什么？是怎么说的？"

(3) 组织幼儿讨论：落叶可以当作房子，当作小船，当作伞和信，落叶还可以当作什么？谁想得和别人不一样？

4. 幼儿学习朗诵散文

(1) 教师领读，幼儿跟读。

要求幼儿第一遍跟着老师读，第二遍用响亮的声音朗读，第三遍用喜悦的心情朗诵，并正确地发出"风""落""凉""当"的音。

(2) 分角色朗诵。

5. 再次完整地欣赏配乐并朗诵《落叶》

三、结束部分

舞蹈"落叶"，感受秋天优美的环境。

教师："秋风来了，让我们变成一片片落叶随着秋风翩翩起舞吧！"

第五章

幼儿专门性语言教育活动的途径

内容提要

幼儿专门性语言教育活动是有目的的语言学习过程，主要途径包括谈话活动、讲述活动、听说游戏、文学作品学习活动、早期阅读活动等。在进行专门性语言学习的过程中，教师可以根据幼儿语言发展的特点，为其提供各种语言交往的情境，如教师与幼儿的语言交往、幼儿之间的语言交往以及幼儿个体与群体的语言交往等。

学习目标

1. 掌握幼儿谈话活动的设计与实施
2. 掌握幼儿讲述活动的设计与实施
3. 掌握幼儿听说游戏活动的设计与实施
4. 掌握幼儿文学作品学习活动的设计与实施
5. 掌握幼儿早期阅读活动的设计与实施

幼儿专门性语言教育活动的途径主要包括谈话活动、讲述活动、听说游戏活动、文学作品学习活动和早期阅读活动。日常的语言环境具有随意性和偶然性，幼儿专门性语言教育活动与此不同，有明确的指向性，侧重于向幼儿提供语言学习机会，是实现语言教育目标的有效途径，是组织和传递语言教育内容的实施环节，是落实语言教育任务的具体手段。

在进行专门性语言学习的过程中，教师可以根据幼儿语言发展的特点，为其提供各种语言交往的情境，如教师与幼儿的语言交往，幼儿之间的语言交往以及儿童个体与群体的语言交往等。这种有组织的语言学习过程，比起自发的语言活动有着无可比拟的优越性，对幼儿语言能力的发展起着更加全面的促进作用。

第一节　幼儿谈话活动

谈话，是指两个或两个以上的人就某一主题进行交谈，是人们最常使用的语言交流形式，也是儿童交流能力发展的重要途径。谈话是幼儿口头语言能力的重要组成部分，良好的谈话能力是幼儿口头语言能力的重要表现。幼儿的口语能力也是在交往和谈话中发展的。幼儿的语言能力是在交流和运用的过程中发展起来的。

一、幼儿谈话活动的类型

谈话活动是幼儿园教育活动中的一种重要形式，通常有日常谈话和集体谈话两种形式。

幼儿园日常谈话发生在幼儿每天的生活中，从幼儿入园、进餐、参加户外活动和小组活动、生活照料到冲突解决等过程，随时都可能发生谈话，其带有极大的情境性和随机性。由于日常谈话活动人数和时间不定、内容广泛，所以这种谈话活动对幼儿口头语言能力的发展具有重要价值。日常谈话又可以根据参与者的多少分为日常个别谈话和日常集体谈话。

（一）日常谈话

在每日生活的各个环节，教师可以根据不同儿童的特点和实际出现的问题，有针对性地利用各个环节的间隙时间和活动，与一个或几个幼儿进行交谈，解决相应问题并促进幼儿语言发展。例如，班内某个幼儿比较胆小，不敢与人说话。教师可以做一个计划，每天利用一定的时间与这个幼儿进行谈话，从幼儿最熟悉和最喜欢的话题引入，鼓励幼儿大胆交流。同时，教师还可以引导其他爱说话的幼儿参与交谈，增强幼儿的自信心，逐渐培养幼儿参与谈话的积极性。在谈话过程中，教师可以与一个或几个幼儿同时交谈，幼儿可以随时参与或退出谈话。通过个别谈话能发现不同幼儿在口头语言能力上的差异，能更多地发挥幼儿的主动性。

（二）集体谈话

集体谈话往往是由教师组织的，有目的、有计划的谈话活动。在这种谈话活动中，教师往往根据幼儿的兴趣、教学的内容引入一个谈话主题，通过提问的方式引导幼儿发表自己的观点，鼓励幼儿不同观点之间的质疑和讨论，并适时通过回应和引入新的问题，将幼儿的讨论带入新的领域，从而帮助幼儿学习谈话的规则，逐渐掌握谈话的策略。

集体谈话活动往往是利用正式活动时间专门进行的。在组织集体谈话活动时，教师需要进行精心设计和准备。首先，教师要尽力创设民主和谐的语言环境，使每个幼儿都能积极主动地发表自己的看法和见解。其次，教师要适当引导幼儿语言交谈的方向。幼儿在交谈过程中可能会出现偏离活动计划的现象，教师要积极引导，及时调整幼儿谈话的内容，使其符合原定计划。在谈话过程中，教师不仅要让幼儿自己说，还要让他们积极与同伴交谈、与教师交谈，在交谈中学习他人的经验，不断提高语言运用能力。

二、幼儿谈话活动的设计与实施

（一）创设谈话情境，引出谈话话题

创设适宜的谈话环境是设计与实施谈话活动的第一步，其目的在于引出幼儿谈话的话题，激发幼儿参与谈话的兴趣，调动幼儿相关的经验储备，把幼儿的注意力吸引到谈话的主题上来，为谈话活动的进行做好准备。谈话活动情境的创设主要有以下三种方式：

1. 利用实物和直观教具创设情境

教师可以利用各种实物、图片、模型、玩偶、头饰等直观教具为幼儿创设谈话活动的情境，激发幼儿的谈话兴趣，增加幼儿关于谈话活动主题的生活经验。比如，在设计谈话活动“我喜欢的水果”时，可以布置一个水果商店，让幼儿进行认识水果、挑选水果、购买水果、品尝水果和分享水果的活动，让幼儿在谈话中获得对水果的认知，增加其生活经验。又比如在谈话活动“秋天的服装”中，老师让幼儿介绍自己衣服的名称、颜色、面料，以及是什么时候购买的，谁给自己买的，是否喜欢这件衣服等，并在音乐声中让幼儿进行集体服装秀的表演，使其身临其境以获得语言的发展和进步。以下案例就是教师利用幼儿假期旅游的照片、纪念品开展的一次谈话活动。

案例

大班谈话活动教案：我去旅游了

活动目标

一、让幼儿积极参与谈话，能用连贯的语句讲述自己在旅游中的所见所闻与感受

二、要求幼儿注意倾听同伴谈话，能迅速地掌握别人的谈话内容，向同伴学习谈话经验

三、在回忆性的谈话中萌发爱家乡、爱祖国美丽山河的情感

活动准备

一、让幼儿把自己所去旅游照的照片带来，还有旅游景点的纪念品和土特产等

二、准备一些著名景区的图片播放给幼儿观看

三、布置一个旅游物品展览区，把幼儿带来的所有物品都展示出来

活动过程

一、创设情境，引出话题，激发幼儿参与谈话的兴趣

教师：“今天，我们班办一个展览会。谁能告诉我这是一个怎样的展览会?”“在国庆假期里，小朋友与父母外出旅游，带回许多的照片、土特产，现在就请你们讲一讲在祖国各地旅游时发生和遇见的事情。”

在此环节，话题用情境引入，可以提高幼儿谈话的积极性，启发幼儿对话题相关经验的联想，做好谈话的准备。

二、幼儿自由结伴，围绕话题展开交流

在幼儿自由交谈的环节中，老师要求幼儿围绕话题讲述自己在旅游时的感想。这个环节有两个作用：一是给每个幼儿充分表达的机会，因为全班30多人，不可能让每个孩子都到集体面前谈自己的想法。如果幼儿在活动中缺乏表达的机会，就会降低他们参与的积极性，有可能导致在下一个环节出现幼儿注意力分散的现象。二是给幼儿提供个别或小组交谈的机会，这样的谈话和在集体面前谈自己的想法有所区别，可以增加幼儿的谈话经验。

三、鼓励幼儿集体分享旅游时的所见所闻与感受

提问：

1. 旅游时你看到些什么，你觉得最有趣的是什么?

2. 哪些事情是你第一次经历的?

3. 你带回来了什么纪念品或土特产?

在这一过程中，老师逐步提出问题，层层深入引导幼儿发表自己的感想。这不仅帮助幼儿学习围绕话题谈话，而且能够让幼儿在不知不觉中完成倾听、对话等方面的学习，提高了幼儿语言交往的能力。

活动重难点

一、重点

积极参与谈话，能用连贯的语句讲述自己在旅游中的所见所闻与感受。这是因为幼儿在谈话时，为了使别人能明白自己所说的内容，就要努力把意思说清楚、弄明白。

二、难点

幼儿独立完成有关自己在旅游途中所见所闻的讲述，且要清晰明确，这就要求幼儿对事物有一定的分析、归纳的能力，在讲述时，要学会选择恰当的形容词进行描述。这对幼儿来讲有一定的难度。

活动延伸

一、让幼儿回到家中给父母或者其他人讲述在幼儿园里发生的趣事

二、思考外出旅游时应该带哪些物品

---

2. 利用语言创设活动情境

在活动开始前，教师可以通过生动形象的语言创设情境，或通过提问来唤起幼儿的记忆，使其顺利进入谈话。例如中班谈话活动“怎样过马路”，教师可以先说一段开场白，并提出一些简单的问题，如“马路上都有什么”“过马路时要注意什么”“为什么要走人行横道线”，等等，引发幼儿积极思考并做出反应。

3. 以游戏或表演创设谈话情境

教师通过让幼儿做游戏或表演，模拟一个与谈话主题有关的真实环境，激发幼儿的真实感受，从而使其产生强烈的表达意愿，引出谈话主题。例如，在小班谈话活动“交朋友”中，教师请两个小朋友表演两只小熊吵架又和好的游戏，在具体鲜明的情境中开展谈话活动。

（二）提供机会，让幼儿围绕话题自由交谈

有了谈话活动的话题之后，教师接下来要向幼儿提供围绕话题自由交谈的机会，目的是调动幼儿个人有关对谈话中心话题的知识储备，运用已有的谈话经验交流个人见解。

1. 为幼儿的谈话提供丰富的材料

与幼儿语言相关的各种因素的参与，能促进幼儿积极运用语言与人交往，在生活具体的实践中锻炼自己的语言能力。教育的作用就是给幼儿创设学习环境，帮助幼儿在与环境要素的相互作用中主动获得知识。在幼儿的集体谈话过程中，教师通过充足的、适宜的材料，有层次地呈现材料，不断调动幼儿已有的生活经验，使幼儿在与环境和材料的互动中运用语言交谈。因此，教师提供的材料要紧扣目标并体现层次性。此外，准备的材料要符合幼儿的兴趣。

2. 增加幼儿动手操作的机会

教师可以通过让幼儿看和听激发其谈话的兴趣。在谈话活动中让幼儿看一下事先准备好的实物、图片、表演或录音，增加幼儿谈话的积极性。如在中班谈话活动“我喜欢的动

物”中，既可以让幼儿看动画片中的动物，又可以让他们听动画片中动物的声音，让幼儿说出动物的名字及其生活习性，还可以让幼儿挑选喜爱的动物玩具、头饰等进行角色扮演，提高幼儿参与的积极性。

3. 围绕中心话题拓展交谈内容

在幼儿运用已有知识经验充分交谈之后，教师要适时将幼儿集中起来，以提问或启发的方式帮助幼儿学习新的谈话技巧和谈话规则，掌握正确的谈话思路和谈话方法。这一过程是谈话活动的重点内容和核心。

中心话题的拓展是逐步进行的。通常的拓展顺序为：对话题对象的描述和基本态度—为什么会有这种态度—对话题对象的独特感受。如大班谈话活动“我喜爱的食物”，教师设计的中心话题拓展顺序是：从幼儿描述食物种类，对某种食物的基本态度，到谈论为什么会有这种态度，最后谈论对这种食物的独特感受。以这种谈话方式拓展话题，可以帮助幼儿拓展思路，唤起他们更多的回忆和内心体验，在此基础上帮助幼儿学习新的交谈经验。

4. 教师运用隐性示范的方式使幼儿获得新的谈话经验

在逐步深入拓展幼儿谈话内容的基础上，教师可以通过隐性示范的方式向幼儿提供谈话范例，帮助幼儿掌握新的谈话经验，进一步提高幼儿的谈话水平。如“我喜欢的动物”，老师可以谈谈自己喜欢的动物，喜欢的原因是什么。如“我喜欢小青蛙，因为青蛙可以吃害虫，保护庄稼。”教师的示范可以为幼儿提供模仿的样板，引出幼儿的谈话内容。在大班谈话活动“说说我的心情”中，活动开始，教师以自己今天的心情引出活动主题，巧妙引导幼儿通过生活经验回忆、交流分享自己认识的不同表情。各环节设计流畅、有动有静，教师引导语简练清晰、要求明确，过渡自然无痕。幼儿能积极投入活动，认真思考、大胆表现。另外，每当幼儿说出一种表情时，教师也可以随手画出相应的表情，增加活动的趣味性。

案例　**中班谈话活动：我的好朋友**

活动分析

中班幼儿都已经有了各自的好朋友，对这一话题比较感兴趣，并且已经有了一定的谈话能力，本活动将是幼儿乐于参与、能够参与的。

活动目的

一、学习说普通话

引导幼儿围绕“我的好朋友”这一话题谈话，学会用完整的语句谈论好朋友的服装、特征，及愿意找他做好朋友的原因。

二、学习倾听

要求幼儿学会在倾听同伴谈话过程中了解其谈话的主要内容，培养幼儿理解性倾听能力。

三、轮流交谈

帮助幼儿轮流进行谈话，懂得让别人把话说完，再发表自己的意见，帮助幼儿掌握谈话的规则。

活动准备

一、平时与幼儿个别交谈，了解每个人的好朋友是谁

二、学会演唱歌曲《拉拉钩》

活动过程

一、创设谈话情境，引出谈话话题

教师以轻松愉快的方式引出话题：我们每个人都有好朋友，你的好朋友是谁？他长的什么样子？穿什么衣服？请小朋友说给别人听听。

二、引导幼儿围绕话题自由交谈

要求幼儿主动向同伴介绍自己的好朋友，清楚地表达好朋友的模样和穿着。学会用普通话与同伴交谈。

教师巡回参与幼儿的谈话，有兴趣地倾听、了解幼儿说话的内容。对个别不知如何谈论好朋友模样的幼儿，教师可提些小问题加以引导。如“你的好朋友是高个子还是矮个子？”“长得胖还是瘦？”等等。帮助幼儿打开思路，知道应该从哪些方面来描述人的模样。幼儿交谈时，教师用插话的方式，使谈话内容紧紧围绕在“好朋友”上。对个别会抢着讲话的幼儿要提出要求，让幼儿先耐心听别人说话，等别人说完自己再说。

三、引导幼儿拓展谈话范围

1. 集体谈“好朋友”

请几名在自由交谈中能大方地谈论“好朋友”的幼儿向全班做介绍。要求幼儿清楚地说出好朋友的特点。对个别说不清楚的幼儿，教师给予提示、补充，让其重复说一遍，帮助幼儿提高语言表达能力。

2. 教师用提问的方式拓展谈话范围

“你的好朋友有哪些优点？”

“为什么要和他做好朋友？”

此时教师用自己的谈话引导幼儿的思路。幼儿根据教师提供的谈话经验，围绕话题谈论，说出自己好朋友的优点。

教师小结谈话活动情况，使幼儿懂得每个人都有自己的优点，大家要互相学习。

活动延伸

绘画：我的好朋友。

舞蹈：找朋友。

案例　　**大班讲述活动：说说我的心情**

活动目标

一、认识几种常见的面部表情，知道人是有喜怒哀乐的，表情是多种多样的，并能用语言表达各种面部表情的不同五官表现

二、学习从他人的表情中了解别人的心情，并产生帮助他人的愿望

三、能根据自己当天的心情，用说说、画画的方式表现心情

活动准备

各种表情图片一套，绘画纸，水彩笔

活动过程

一、谈话导入活动

1. 谈话导入

教师："今天我们在这里上课，你们的心里感觉怎么样？"

幼儿："很高兴。"

教师："高兴的时候脸上的表情是怎么样的？"

2. 请个别幼儿到前面说一说、做一做高兴的表情

教师边出示微笑的表情图片边介绍："嘴角翘翘的、眼睛眯眯的、脸上笑嘻嘻的，这就是高兴快乐的表情。"

二、说一说：我认识的表情

1. 幼儿互相说一说、做一做

教师："除了高兴、快乐的表情，还会有什么表情呢？"

2. 请个别幼儿到前边说一说、做一做（幼儿说出一种表情，教师就出示与之对应的表情图片）

三、游戏：猜猜我的表情

1. 引入游戏

教师："表情多种多样，我们可以通过一个人的表情了解他的心情，下面我们做个游戏'猜猜我的表情'，请一个幼儿来表演，其他小朋友来猜一猜他做的是什么表情？发生了什么事？看到他这样，你会怎么做？"

2. 请个别幼儿表演，集体猜一猜、说一说

3. 教师小结

生活中我们每个人都会遇到开心的、伤心的或害怕的事情，当别人遇到开心快乐的事情时，我们可以与他一起分享快乐；当别人遇到伤心难过的事情时，我们应该主动地关心他、帮助他，做一个有爱心、有同情心的孩子。

四、画画：说说我的表情

教师："今天老师很开心，因为小朋友都能积极动脑、大胆表现，所以，我用一个笑脸来表现我今天的心情（教师画出自己的表情）。孩子们，你们今天的心情怎么样？请把最能表现你今天心情的表情画下来，并给你的好朋友说一说好吗？"

（资料来源：选自幼儿教育网）

第二节　幼儿讲述活动

一、幼儿讲述活动的类型

幼儿讲述活动是指教育者通过营造一种相对正式的语言运用场合，引导幼儿依据一定的凭借物，使用较为规范的语言表达个人见解的语言交流活动。讲述活动要求鼓励幼儿大

胆、清楚地表达自己的感受和想法，尝试说明、描述简单的事情或过程，发展语言表达能力和思维能力。讲述活动可以提高幼儿的讲述能力，培养幼儿的倾听习惯，锻炼幼儿的独白言语能力，教会幼儿认识事物的方法，发展幼儿的思维和想象力。讲述活动可以按照多种方式进行分类。

（一）按讲述言语的表达方式分类

1. 叙事性讲述

叙事性讲述是指用口头语言把人物的经历、行为或者事情发生、发展、变化的过程讲述出来。可以以第一人称讲述给他人听，也可以以第三人称的方式讲述别人经历的事情。教师要引导幼儿说清楚人物、事件、时间、地点和原因，并且说明白事情发生、发展的先后顺序。在幼儿阶段，一般要求幼儿能够简洁清楚地按顺序讲述事件。

2. 描述性讲述

描述性讲述是指用生动形象的语言，把人物的状态、动作或者物体以及景物的性质、特征讲述出来的讲述活动形式，关键是引导幼儿初步尝试用具体、生动、形象的词语说话。比如，讲述“我的书包”，教师要引导幼儿尽量用具体、生动、形象的词语把书包的特点表述清楚。

3. 说明性讲述

说明性讲述是用简单明了的语言，把事务的形状、特征、功用等解说清楚的讲述形式。比如，讲述“我的笔袋”，讲述可以引导幼儿说出笔袋是什么颜色的，是用什么材料做的，里面装了些什么，有什么用处等。说明性讲述不需要强调幼儿使用生动形象的形容词，只要表述清楚、交代明白即可。

4. 议论性讲述

议论性讲述是通过摆事实、讲道理来说明自己赞成什么或者反对什么。在幼儿阶段，幼儿的逻辑思维水平不高，议论能力还不强，但是可以进行初步的议论性讲述。比如，讲述“我喜欢夏天还是冬天”，教师可以引导幼儿通过举例子来说一说自己究竟喜欢哪个季节。这种讲述活动对于提高幼儿语言逻辑能力、发展幼儿逻辑思维水平极为重要。

（二）按讲述凭借物的特点分类

1. 看图讲述

看图讲述是教师运用有教育意义的、幼儿能够理解的一些图片，启发他们用比较正式的语言来表达图片的内容，从而获得语言训练的讲述活动形式，是讲述活动中最常用的一种形式。

2. 实物讲述

实物讲述是指讲述的对象是具体的物象，如日常用品、科技产品、玩具、动植物等。教师在指导幼儿感知实物并进行讲述时，最重要的是帮助幼儿把握实物的特征。

3. 情景表演讲述

情景表演讲述要求幼儿凭借他们对情景的理解来进行讲述。情景表演由角色扮演者来演出一系列动作、发展情节、表现连续性的事件。情景表演讲述包括真人表演、利用木偶表演，或者真人和木偶共同表演。

4. 续编故事讲述

续编故事是培养幼儿创造思维能力和想象能力的讲述活动。教师为幼儿提供一个不完整的故事，或者由幼儿自备一个不完整的故事，让幼儿根据他们自己对这个故事的理解，将不完整的故事补充完整，并基本符合故事的发展要求。

5. 生活经验讲述

生活经验讲述是指幼儿在教师的指导下，根据已有的生活经验，借助于一定的凭借物，围绕一个主题，用完整、连贯、有条理的语言讲述的一种教育活动。

二、幼儿讲述活动的设计与实施

（一）幼儿讲述活动的内容

1. 符合儿童的发展水平

讲述活动内容的选择要与儿童的身心发展水平相适应，使之保持在“最近发展区”之内，使讲述活动能够推动实现儿童与环境之间的互动和儿童的全面发展。

2. 符合讲述的要求

讲述活动旨在发展幼儿的独白言语能力，因此要求有相对正式的语言环境。处于学前阶段的儿童独白言语发展的水平较低。所以，教师在选择教育内容时要考虑所选内容的科学合理性，能够创设一种相对较为正式的语言环境，提高幼儿独白言语能力。

3. 内容选择的整合性

幼儿教育活动的整合性不仅仅是教育目标的整合，在教育内容上也要体现整合的特点。新的发展分段研究表明，幼儿应当学习体验性知识、生活性知识，教育应当贴近生活，综合化、多样化、具体化。幼儿各领域的内容要有机联系、相互渗透，注重综合性、趣味性、活动性，同时寓教育于生活、游戏之中。讲述活动的内容应从幼儿熟悉的、感兴趣的事物中选取，培养幼儿流畅的讲述能力。

（二）幼儿讲述活动的过程

1. 感知并理解讲述对象

讲述活动的特征之一就是要有一定的凭借物。因此，讲述活动的第一步就是帮助幼儿调动多种感官，充分全面地感知并理解讲述对象。如叙事性讲述，应重点感知和理解事件发生的过程、顺序、人物在其中的作用；描述性讲述应重点观察物体或人物的状态、动作、特征等。在这一过程中，教师重点指导幼儿观察、感知、理解、讲述对象，并根据活动的具体要求，指导幼儿学会观察。

2. 运用已有经验自由讲述

在儿童充分感知理解讲述对象的基础上，教师指导儿童运用已有经验进行讲述。这一步骤要求教师尽量放手让幼儿自由讲述，为他们创造充分的讲述机会，实践并运用已有的讲述经验。这一阶段是幼儿讲述自由发挥的阶段，教师要改变以往讲述活动出现的少数人讲、多数人听的被动局面，吸引全体幼儿参与其中。幼儿的自由讲述可以活跃气氛，帮助教师了解每个儿童的讲述水平，提高儿童参与的积极性。

3. 引入并学习新的讲述经验

通过前两个阶段的铺垫，在这一阶段，教师可以根据本次活动目标要求，帮助幼儿学习新的讲述经验。新的讲述经验是讲述活动的重点，主要包括讲述的思路要清楚连贯有条理，讲述要有全面性，要帮助幼儿了解并学会使用讲述的基本要素（人物、地点、事件、结果），学习讲述的基本方法，包括观察、感知理解讲述对象的重点，重要内容要重点讲述，次要部分则简略讲述。有了一开始的鼓励，幼儿就可以有信心地自由讲述，教师要为幼儿创设一个能使他们想说、敢说、喜欢说、有机会说并能得到积极应答的环境。

4. 巩固和迁移新的讲述经验

在这一阶段，教师运用明确的示范和隐性的暗示等方法，向幼儿展示新的讲述经验后，及时引导幼儿用同一种方法进行讲述，使其获得新经验，并进一步迁移新的讲述经验。例如，在组织大班幼儿进行“有趣的动物园”讲述活动之后，可以让他们举办一个小画展，向小班的弟弟妹妹介绍有趣的动物。这样既可以培养幼儿的迁移讲述能力，又能促进其情感的发展。

以中班讲述活动“想生病的小狗”为例，教师让幼儿根据自己的理解和想象以及已有的生活经验，按情节发展的顺序排列图片，并用连贯的语言大胆合理地进行讲述，在培养幼儿想象力、创造力和口头表达能力的同时，锻炼幼儿在大家面前自然大方地讲话的能力。

案例　**中班看图讲述活动：想生病的小狗**

活动目的

一、引导幼儿按情节发展的顺序排列图片，并用连贯的语言进行讲述

二、培养幼儿的想象力、创造力

三、鼓励幼儿为故事（结尾）创编多个不同的结尾

活动准备

一、一组（4 幅）不按情节发展顺序排列的连续画

二、幼儿学具每人一套，图片若干套，大挂图一套

活动过程

一、导入

幼儿随音乐模仿各种动物动作，进入活动室。

师幼互动游戏“谁的眼睛亮”，复习巩固动物的名称。

教师：“老师知道小朋友喜欢小动物，并爱与它们交朋友，对吗？这是什么呀？”（先出示“小狗”这两个汉字，后出示小狗的图片）“小朋友都认识小狗，你们知道这里还有一个好听的小故事呢，这个故事就藏在小朋友的图板下面，请小朋友打开看一看。”

二、观看图片，给图片排序

1. 教师：“请小朋友认真观看图片，然后按顺序把它们排好，贴在图板上，并编出一个好听的小故事，好吗？”（幼儿观看思考，排列图片，教师巡回指导）

2. 个别讲述（请能力强的幼儿进行讲述，教师可给予适当指导）

三、幼儿讲述自己创编的小故事

1. 分组讲述故事

教师参与其中，了解幼儿的讲述情况。

2. 集体讲述

根据小组讲述的情况，将幼儿排列的图片投到大屏幕上，选出完成较好的幼儿进行讲

述（每组至少选出一名）。

3. 根据幼儿讲述情况进行分析总结，让幼儿对自己的讲述情况有一个了解，并重点强调讲述要求，要求讲解故事的内容必须包含故事发生的时间、地点，结果

四、欣赏范例

过渡："小朋友讲的真不错，老师也编了一个好听的故事，请大家来听一听，看老师编的和你编的哪里不一样。"

1. 观看老师排列的顺序，找出与自己排列的顺序不同的地方

2. 欣赏配乐故事《想生病的小狗》

五、设想故事结尾

教师："小朋友开动脑筋想一想，小狗最后会怎样呢?"（鼓励幼儿大胆想象）

请幼儿把自己想好的结尾编到故事里，互相交流讲述。

1. 分组讨论交流，讲述故事结尾

2. 画出故事结尾

教师：小朋友的想法真不错，你们愿意把它画下来吗?

3. 相互交流

六、完整讲述故事

教师：在前面的环节里，咱们小朋友都编出了一个好听的小故事，现在你愿意将你的结尾编到故事里，完整地把故事讲给大家听吗?

活动延伸

1. 幼儿相互交流自己编的故事

2. 简单小结，对孩子的成绩给予肯定，让幼儿明白狗为什么生病，小狗的妈妈又为什么生病

3. 请幼儿将图板纸挂在活动室里小朋友能看见的地方，自由结伴讲述

案例

中班语言讲述活动：乌龟桥

活动目标

一、了解图书大意，学习词"对岸"及动词"搭""架"，培养幼儿阅读兴趣

二、教育幼儿要乐于助人、讲文明、讲礼貌

三、发展幼儿的发散性思维及口头表达能力

活动准备

一、《乌龟桥》人手一本（利用2009年第三期《咪咪画报》制作）

二、多媒体课件

三、将蓝色皱纹纸布置成小河、小积木、大积木、蓝色卡纸、木板

活动过程

一、游戏引题，遇到困难

教师：今天我们到河的对面去玩，河的对面叫"对岸"（丰富词语：对岸）

教师带幼儿进活动室，走着走着，遇到一条河。

“啊，河上没有桥，我们要怎么过河呢?”

幼儿展开思考，并做回答。

二、难点前置，体验动词

1. 幼儿自由探索

教师：“河边有很多的小积木，还有很多小木板，我们用积木搭成河岸，小朋友们动手试一试，看怎样才能过河?”

幼儿在动手制作的过程中，获得教师进行指导，引导幼儿说出“搭”“架”等动词。

2. 幼儿过河

教师：“小朋友们想到的办法真好，现在我们就架一座桥吧!”

3. 幼儿从桥上过河

三、自由阅读，感受内容

1. 语言引入

教师：“森林小屋里有好多漂亮的小图书，我们一起来看看书上都有谁？它们在做什么?”

2. 幼儿自由阅读，教师指导

3. 幼儿说说自己看到的内容

教师引导幼儿尽量用完整的语言讲述。

四、欣赏课件，逐图观察

1. 教师引导幼儿逐图观看

图一：图上有谁？它们想去做什么?

(有小猴子、小兔子、小松鼠，它们想去玩。)

图二：它们遇到了什么困难？你是怎么知道的?

(它们遇到了一条河，过不去了，它们脸上的表情是很惊讶的。)

图三：它们在做什么？你是从哪里看出来的?

(它们在想办法，小猴子想到办法了，因为它的头上亮起了灯，说明它想到了办法。)

图四：小猴子想到了什么办法？它们拿来了什么？它们的心情怎样？你是怎么知道的?

(它们想搭一座小桥，丰富动词：“搭”，它们扛来了一根木头，丰富动词：“扛”“架”。它们很高兴，脸上是笑眯眯的。)

图五：这时，发生了什么事，它们心里怎么样？你是怎么知道的?

(水把木头冲走了，它们心里很着急，嘴都张大了。)

图六：这时，谁来了？大家猜猜乌龟来做什么了？它们会怎样帮助小动物呢?

(乌龟来了，它们来帮助小动物了。)

图七：小乌龟在做什么？它们像什么？其他小动物看到小乌龟时表情是怎样的?

(它们把身体连在一起，在河上搭起了一座桥——乌龟桥，小动物们非常吃惊地看着乌龟桥。)

图八：小动物是怎样过河的？它们为什么又吃惊、又担心？你从哪里可以看出它们的担心？重点引导孩子感受“又吃惊、又担心”。

（它们踩在乌龟的背上，担心乌龟会疼，担心会踩伤小乌龟，所以很担心。）

图九：小动物们过河了吗？它们的心情怎样？会说什么？

（小动物们过了河，它们很高兴，它们对小乌龟的帮助非常感激，它们会对小乌龟说“谢谢”。）

图十：小动物们在做什么？

（它们采了很多鲜花送给小乌龟。）

2. 幼儿讲述图书内容

教师请幼儿完整讲述图书内容。

五、幼儿讨论，情感教育

教师：“你们喜欢小乌龟吗？为什么？”

引导幼儿说出小乌龟用自己的身体帮助小动物过河，它们不怕疼痛、乐于助人，是小朋友学习的榜样。

六、阅读游戏，兴趣延伸

利用小图片玩“摸图游戏”：请个别幼儿上前摸卡片，并说出卡片内容，其他幼儿进行指图游戏。

七、情感迁徙

你还帮助过谁？做过什么事帮助他人？

活动结束

小朋友们，天黑了，我们也要回家了。回家后，我们把做好的图书拿给爸爸妈妈看吧。

（资料来源：选自幼儿教育网）

第三节　幼儿听说游戏活动

一、幼儿听说游戏活动的特征

听说游戏是指教师为培养幼儿倾听和表述能力而设计和组织的规则游戏活动。这是一种特殊的语言教育活动，兼具游戏和教育活动的共同特点，能够充分调动幼儿参与活动的积极性，并能在轻松愉快的氛围中完成语言教育的任务。听说游戏活动主要具有以下几个方面的特征：

（一）语言教育的目标内隐于游戏之中

幼儿听说游戏活动具有明确的语言教育目标，每一个听说游戏的目标都是幼儿语言学习要求的具体化。教师根据幼儿的语言“最近发展区”和幼儿语言学习的需要来设计和实施听说活动，提出语言教学任务，并落实到每一个幼儿能够接受、理解和尝试掌握的教育过程中。因此，听说游戏活动的教育目标不仅要求具有明确性、具体性，还要具有阶段性和针对性。此外，教育目标还要具有潜在性，将教育目标融于游戏活动中，可以让幼儿在轻松愉悦的氛围中潜移默化地完成学习任务。

（二）听说游戏语言学习的重点内容是游戏规则

规则是游戏的核心因素，每一个听说游戏活动都有自己特定的规则。规则是教师在设计听说活动时，要根据具体的语言教育目标，选择合适的语言学习内容，将语言学习的重点内容转化为一定的游戏规则。听说游戏活动的游戏规则可以是竞赛性质的，也可以是非竞赛性质的。竞赛性质的游戏规则是指在游戏中幼儿如果听对了、说准了，达到了学习的要求，就能在游戏中获胜。教师要求幼儿在参与听说游戏活动时，必须遵守这些游戏规则，并在活动中掌握语言学习的重点。

（三）游戏过程中逐渐扩大游戏的成分

听说游戏活动是以活动的方式开始的，随着幼儿对游戏规则的熟悉，他们在游戏中的自主性会越来越强，游戏成分逐渐扩大，最终实现由活动向游戏的转化。听说游戏活动从活动向游戏转变的过程有一定的特点，主要表现为：

1. 由外部控制向内部控制转换

在听说游戏活动刚开始时，教师创设游戏情境，交代游戏规则。在这一过程中，幼儿只是被动地接受规则信息，并进行初步的思考。一旦幼儿的兴趣得到激发之后，就会开始自主参与游戏，此时教师成为游戏的参与者，不再是主导者。当幼儿完全熟悉游戏规则并积极主动地投入游戏之中时，教师就成为游戏的旁观者，这一游戏活动过程就实现了由外部控制向内部控制的转换。

2. 由真实情境向假定情境转换

由于幼儿的理解能力和思维水平较低，在听说游戏活动之初，尽管教师为幼儿创设了生动的游戏情境，使幼儿处在真实的情境之中，在教师向幼儿交代游戏内容和游戏规则时，幼儿是以旁观者的身份进行观察、思考，随着幼儿对游戏兴趣的提高，幼儿开始自主地参与到游戏中去，成为游戏中的某一个角色，开始做出和说出一些符合情境和角色的动作和语言来支持游戏活动，实现由真实情境向假定情境的转换。

3. 由外部动机向内部动机转换

与其他教育活动相似，幼儿刚参加听说游戏活动时，外部动机占主要成分。由于听说游戏活动中游戏的成分越来越高，他们的主动性和积极性逐渐被调动起来。随着幼儿对听说游戏规则的掌握和对游戏内容方式的熟悉，幼儿的内部动机所占的比重越来越大。同时，幼儿能否将外部动机转化为内部动机，很大程度上取决于听说游戏活动是否具有游戏的特点，是否真正对幼儿产生强大的吸引力，幼儿自己是否真正喜欢。反之，如果幼儿在听说游戏活动中不能将外部动机转化为内部动机，那么这种听说游戏，便只能是简单的听说活动，不具有真正游戏的价值，也不能发挥听说游戏作为一种特殊的语言教育活动所应有的作用。

二、幼儿听说游戏活动的设计与实施

幼儿听说游戏活动具有游戏和活动的双重性，作为一种特殊的语言教育活动，听说游戏活动具有自身的规律和特点，因而按照一定的思路进行听说游戏活动的设计、组织与实施，可能会产生更好的教育效果。教师可以按照以下几个步骤设计和实施听说游戏活动：

（一）创设游戏情境，引发幼儿兴趣

教师在组织语言活动游戏时，首先要调动幼儿参与活动的积极性。为此，教师要努力

创设生动有趣的氛围和情境，引发幼儿参与游戏的兴趣，为游戏产生良好效果打下基础。听说游戏刚开始时，活动成分远远大于游戏的成分，教师需要采用一定的手段，如语言、肢体动作、表情等设置游戏情境，激发幼儿参加游戏的兴趣。首先，可以借用教具创设游戏情景；其次，可以借助表情、动作创设游戏情境；再次，可以借助语言创设游戏情景；最后，综合运用多种方法创设情境。

（二）交代游戏规则，明确游戏玩法

创设情境之后，教师接着要向幼儿介绍游戏的规则。教师可以通过讲解和示范相结合的方式，使幼儿明确游戏的基本规则。教师在讲解游戏规则时需要注意：第一，注意使用简洁明了的语言；第二，注意讲清楚游戏的规则、要点和顺序；第三，注意用较慢的语速进行讲解和示范。

（三）教师指导幼儿游戏

在听说游戏活动刚开始的时候，由于幼儿不熟悉游戏规则，不能全部参与到游戏活动的所有环节。由此可以采用以下两种解决方案：一是以教师为主导，将幼儿分成若干部分，一部分幼儿参加游戏活动，另一部分幼儿观察、熟悉游戏进程。在这种游戏进行过程中，教师充当着重要的角色，引导着游戏进程。二是全体幼儿参加游戏活动一部分，待熟悉游戏的规则和玩法后再参加全部游戏。在教师的引导下参加游戏，能够帮助幼儿快速、清楚、明了地掌握游戏规则，为独立参与游戏活动奠定良好的基础。

（四）幼儿自主游戏

通过前三个步骤的活动，幼儿已经基本具备了独立开展活动的能力。在幼儿自主游戏阶段，教师可以放手让幼儿开展活动，这时教师处于旁观者的地位。教师在幼儿自主游戏活动过程中应注意以下几点：

第一，及时指导个别不熟悉规则和玩法的幼儿，帮他们尽快参加到游戏当中。

第二，及时解决游戏中可能出现的矛盾和纠纷，避免因角色分配不当或其他问题造成对游戏活动进度的影响。

第三，及时评价幼儿参与游戏的行为表现。因为教师的评价和态度能激发幼儿参加游戏的积极性，促使幼儿更加主动积极地参加活动，圆满完成听说游戏活动的任务。

案例

中班听说游戏活动：顶锅盖

活动目标

一、学习发准“盖”“怪”“菜”等容易混淆的字音

二、探索游戏玩法，能根据自己的生活经验，说出各种菜肴的名称

活动准备

锅盖一个

活动过程

一、通过情景表演，引起幼儿的兴趣

二、引导幼儿学习儿歌

儿歌里讲了些什么？怎样用我们的手来玩“顶锅盖”游戏呢？教师带领幼儿一起练习儿歌，练习发准“盖”“怪”“菜”等字音。请幼儿做一做“顶锅盖”的动作，启发幼儿探

索用手掌当锅盖，用食指顶手掌心的行为。

三、介绍游戏玩法

(1) 幼儿必须边念儿歌，边用食指顶着“手掌锅盖”。

(2) 儿歌念完，就要问：“烧的什么菜？”被抓住的幼儿必须说出一道菜的名称，方能与“锅盖”交换角色，然后游戏继续进行。

四、引导幼儿学习游戏的难点部分

启发幼儿根据已有的生活经验，说出各种菜肴的名称，丰富关于菜肴的知识。

提问：“小朋友，你吃过什么菜？你最喜欢吃什么菜？它是用什么做的？”

鼓励幼儿大胆地说出各种菜的名称。例如糖醋排骨、红烧肉圆、西红柿炒鸡蛋等。

五、带领幼儿做“顶锅盖”游戏

教师扮演锅盖将手掌平放，手心向下做锅盖，请5名幼儿分别用食指顶着“锅盖”。

然后大家一起念游戏儿歌，念到“噗！一口风”，可做吹风的动作，以增加趣味性。

读完儿歌，教师迅速去抓顶“锅盖”的食指，同时，幼儿的食指要赶紧收回。

被抓住食指的孩子要回答老师的提问：“烧的是什么菜？”

交换角色，再进行一次游戏。

最后，教师组织幼儿每个人用一只手做锅盖，另一只手顶锅盖，采用自问自答的形式，练习游戏中的语言。

六、以小组为单位做“顶锅盖”游戏

教师组织幼儿结伴游戏，教师可以以幼儿的身份加入游戏，出现问题时应给予及时的帮助和指导，与幼儿一起快乐地游戏。

案例

中班听说游戏：开火车

活动目标

一、提高听说快速反应能力，在集体面前大胆说话

二、与他人协调动作，随儿歌轮流交换角色

三、通过玩游戏，丰富地名知识

活动准备

幼儿已经知道我国一些城市的名称

活动过程

一、通过提问引出活动的主题

教师：“你们坐过火车吗？都坐火车去过哪里？你们知道火车还能开到哪些地方？”

引导幼儿运用已有的生活经验说出一些省市的名称。

教师：“今天我们要玩一个游戏，名字叫‘开火车’。”

二、讲解游戏规则

教师在讲解游戏规则时应重点说明：全班幼儿要边拍手边问开火车的人：“往哪儿开？”和“谁来开？”开火车的人必须随儿歌的节奏迅速答出“往××开。”和“××开。”如果答不上来，或思考时间较长，就停止游戏一次。

三、带全体或个别幼儿一起做“开火车”游戏

教师先扮演开火车的人，与全体幼儿进行对答游戏。教师先说：“嘿嘿，我的火车就要开。”幼儿问：“往哪儿开?”教师答：“往北京开。”幼儿问：“谁来开?”教师答：“大家开。”接着由幼儿扮演开火车的人，与教师进行对答。

教师扮演开火车的人，再请个别幼儿与教师进行开火车游戏，要求幼儿大声地对话。

四、请幼儿围坐成半圆形，进行“开火车”游戏

先请一位幼儿扮演开火车的人，大家一起边拍手边进行问答。在游戏过程中，教师应鼓励幼儿将火车开往各个地方，提醒幼儿注意倾听别人的讲话，较快地进行对答。

附游戏儿歌：开火车

甲：嘿嘿，我的火车就要开。

乙：往哪开?

甲：往××开。

乙：谁来开?

甲：××开。

（资料来源：选自幼儿教育网）

第四节　幼儿文学作品学习活动

一、幼儿文学作品学习活动的类型

幼儿文学作品学习活动，是指以优秀的儿童文学作品为基本教育内容而设计实施的语言教育活动。幼儿文学作品学习活动的目的在于向幼儿展示成熟的语言，拓展幼儿的词汇量，并培养幼儿倾听的良好习惯。成人要鼓励幼儿创造性地运用语言，巩固和加强幼儿的语言运用能力。

幼儿园中常见的文学作品包括以下几类：

（一）儿童诗歌

儿童诗歌包括儿歌和儿童诗两种类型。

1. 儿歌

儿歌是以低幼儿童为主要接受对象的、具有民歌元素的简短诗歌。儿歌的内容多反映儿童的生活情趣，传播生活和生产知识等。儿歌一般比较短小，句式多样，富有变化，节奏鲜明、朗朗上口，易记易传。如传统儿歌《排排坐》：“排排坐，吃果果。你一个，我一个。弟弟睡着了，给他留一个。”这首儿歌简单易学，贴近儿童生活，告诉幼儿要关心他人，学会分享。

2. 儿童诗

儿童诗是为儿童创作的适合于儿童欣赏、吟诵、阅读的诗歌。与儿歌相比，儿童诗的内容要深一些，篇幅略长，对韵律的要求宽松一些。儿童诗具有四个主要特征：一是表达

纯真情感，二是创造优美的想象意境，三是语言凝练，四是节奏明快。如冰心的《雨后》，金波的《狗尾草》等，都是经典的儿童诗。

（二）儿童故事

故事是幼儿最常接触的文学体裁之一，儿童故事往往分为童话故事和生活故事两类。

童话是一种带有幻想色彩的虚构故事，通过夸张、象征、拟人的语言表达方式塑造形象、表现生活，凭借幻想创造出现实生活中并不存在却又与之密切相关的人物和场景。如经典童话《白雪公主》《木偶奇遇记》等。生活故事取材于现实生活，以叙事为主反映幼儿熟悉或感兴趣的生活内容，向幼儿讲述经过提炼或虚构的“真人真事”。如儿童故事《没有不方便》，以平实的语言讲述了一个貌似简单其实蕴含深刻道理的生活故事。

（三）儿童散文

散文不像故事那样具备完整的情节和鲜明的人物形象，它可以通过某些片段化的生活事件来表达一定的思想感情。一人、一事、一物都可以成为散文的题材。如泰戈尔的《纸船》，林清玄的《宝蓝的花》，都是流传广泛、适合儿童阅读的散文。

二、幼儿文学作品学习活动的特征

（一）以文学作品教学为中心开展的活动

幼儿文学作品的学习必须首先从文学作品教学入手，围绕文学作品开展教学活动。在幼儿文学作品的学习活动中，幼儿学习的内容是具体的文学作品，文学作品是语言艺术的结晶体。每一个故事、每一首诗歌、每一篇散文都具有丰富而独特的语言信息，它既可以满足幼儿了解社会生活现象的愿望，又可以得到语言艺术美的熏陶。在幼儿文学作品学习活动中，幼儿学习理解文学作品，并通过聆听、诵读、表演游戏等形式，将书面语言信息转化为口头语言信息，完全理解和掌握文学作品所蕴含的丰富内容。

（二）整合与文学作品相关的学习内容

儿童文学作品往往在内容或主题上涵盖、涉及许多其他领域的内容，有的文学作品可能只跟某个领域相关，如《金色的房子》与社会领域的联系比较紧密，《爱吃水果的牛》涉及健康领域。有的文学作品可能涉及几个领域，如《好饿的毛毛虫》不但涉及毛毛虫蜕变为蝴蝶的科学知识，也涉及数学领域的知识，还涉及有关星期认知的社会内容，不同类别的水果和颜色等健康和艺术领域。文学作品本身涉及许多领域，学习过程中，教师更应该注重围绕文学整合多领域的学习内容，使幼儿有更多的机会认识某一个文学作品中表现出来的社会生活内容。

（三）为幼儿提供与文学作品相互作用的多种途径

发展是儿童自身的操作活动与外界环境相互作用而构建起来的。儿童的语言发展，也是通过个体与外界环境中各种语言和非语言信息的交互作用逐步实现的。因此，幼儿文学活动，应当着重引导幼儿积极与文学作品相互作用，通过多种操作途径让幼儿得到发展。用活动的形式来组织幼儿文学作品教学过程，意味着幼儿可以通过动手、动嘴、动眼、动脑等各种途径获得亲身经验。

三、幼儿文学作品活动的设计与实施

（一）学习文学作品

在这一环节的学习中，重点是幼儿对文学作品的初步理解。教师可以根据作品的难易程度，采用挂图、幻灯片、录音播放或现场诵读等方式，将作品中丰富的语言信息带入幼儿的世界。如在中班文学作品《桃花瓣儿》的学习活动中，教师可以在导入活动中说："咦，一阵春风吹过，什么飘落下来？桃花瓣儿是怎么飘落下来的？""现在是什么季节？春天美吗？你发现春天里有哪些美丽的景色？"从而引导幼儿欣赏、感受散文描述的浓浓的春意。

需要注意的是，在这一层次的活动中，教师应将重点放在帮助幼儿理解作品方面，而不宜过多地重复讲述作品，不能让幼儿过度机械化地记忆背诵作品内容，以免使幼儿失去进一步学习文学作品的兴趣。

（二）理解体验作品

当幼儿进入文学意境中，教师可以帮助幼儿深入理解体验文学作品的内涵，尤其是作品所体现的情感特征、精神世界和所蕴含的文学意境之美。例如，在文学作品学习活动"快乐的小屋"中，教师可以通过该活动引导幼儿理解诗歌所体现的境界，感受诗歌中热爱生活、热爱大自然的情感基调。在文学作品《桃花瓣儿》中，可以让幼儿通过观察走访等形式去了解与作品内容相关的自然或生活场景，或组织专门的讨论帮助幼儿理解和体验文学作品。

（三）迁移作品经验

文学作品既来源于生活，又高于生活。文学作品向幼儿展示的是建立在幼儿生活经验基础上的间接经验，这种经验常使幼儿觉得既熟悉又有趣，迫切地想体验和参与。在帮助幼儿深入理解体验作品的基础上，可以进一步引导幼儿迁移作品的经验。例如，在学习《听雨》这首散文诗时，教师要关注幼儿的生活经验，可以让幼儿仿编雨点儿落在不同地方发出的声音。

此外，教师还可以开展与文学作品主题相关的绘画、手工、操作活动和游戏，帮助幼儿迁移相关经验，让幼儿在活动中将文学作品的内容纳入自己的经验范畴。例如，在诗歌《快乐的小屋》学习活动中，请小朋友们和家长一起用各种积木、大插塑等玩具材料搭建自己心中的小屋。

（四）创造性想象和语言表述

在这一层次的活动中，教师可以在幼儿对文学作品的理解、体验和迁移的基础上，创设机会让幼儿扩展想象，尝试让幼儿进行仿编诗歌、散文或续编童话故事，还可以让幼儿围绕文学作品进行想象性、创造性的讲述。需要注意的是，教师在这些活动中要鼓励幼儿积极地动脑想象、思考，鼓励每个幼儿发表自己独特的见解和想法，同时对不同能力的幼儿设定不同的要求，使所有的幼儿都能得到不同程度的发展。

案例　　**中班文学作品学习活动：桃花瓣儿**

活动目标

一、欣赏、感受散文中浓浓的春意及桃花瓣儿和小动物之间友好和谐的氛围

二、理解散文中桃花瓣儿洒落后的各种不同妙用并尝试仿编

活动准备

课件一套、背景音乐；幼儿在活动之前观察过桃花

活动过程

一、谈话导入，回忆春天美丽的景色

1. 现在是什么季节？春天美吗？你发现在春天里有哪些美丽的景色？

2. 咦，一阵春风吹过，谁飘落下来？桃花瓣儿是怎么飘落下来的？（请个别幼儿用动作模仿）

二、分段欣赏散文，感受散文的意境及桃花瓣儿洒落后的各种不同妙用

1. 欣赏散文第一段（教师边播放课件边朗诵）

桃树妈妈开了花，真美丽。风儿轻轻吹过，桃树妈妈让粉红色的花瓣儿飘呀飘呀，飘落下来啦。我们一起来学一学桃花瓣儿飘落的样子吧！（幼儿用动作模仿桃花瓣儿飘落的样子）

2. 欣赏散文第二段（教师边播放课件边朗诵）

（1）小蚂蚁拣了一片桃花瓣儿，在洞口搭了一间房子。粉红色的房子真美丽！

（2）小蚂蚁拣了一片桃花瓣儿，做了什么？你觉得桃花瓣儿做的房子怎么样？谁能用赞美的话来说一说。

3. 欣赏散文第三段（教师播放课件不朗诵）

（1）小甲虫拣了桃花瓣儿可能会当什么？你从哪里看出来的？

（2）我们一起学一学小甲虫把花瓣儿当小船，摇呀摇！

4. 欣赏散文第四段（教师播放课件不朗诵）

（1）这次谁又拣到了桃花瓣儿，做了什么？做了几个花环？用来干什么？

（2）先请个别幼儿来讲述，教师再带领幼儿集体朗诵。

5. 猜测结果

（1）桃树妈妈没有了花瓣怎么办？我们一起来问问它。老师扮演桃树妈妈回答。

（2）桃树妈妈为什么会这么说？接下来会发生什么变化？

（3）教师边播放课件边朗诵，幼儿欣赏散文最后一段。

三、完整地欣赏散文，进一步感受散文的优美意境

（幼儿轻轻跟着朗诵）

教师："刚刚我们把散文《桃花瓣儿》欣赏了一遍，你们觉得好听吗？想不想再来听一听？"

四、尝试仿编

1. 桃树妈妈把桃花瓣儿送给了小蚂蚁、小甲虫、小兔，它们把桃花瓣儿变成了房子、小船、花环。森林里还有许多小动物也拣到了桃花瓣儿，它们会把它变成什么呢？

2. 小朋友们想到的真多，我们回到教室，再和你的好朋友说一说，好吗？

附散文：桃花瓣儿

桃树妈妈开了花，真美丽。风儿轻轻吹过，桃树妈妈让粉红色的花瓣儿飘呀飘呀，飘落下来啦。

小蚂蚁拣了一片花瓣儿，在洞口搭了一间房子。粉红色的房子真美丽！

小甲虫拣了一片花瓣儿当小船，摇呀摇，粉红色的小船真美丽！

小兔拣了许许多多花瓣儿，做了三个花环，粉红色的花环真美丽！小兔送了一个花环给刺猬，又送了一个花环给小松鼠。

“桃树妈妈，你没花瓣了怎么办呢？”桃树妈妈说：“不要紧，不要紧。”

咦，桃树妈妈没了花瓣儿，结了许多许多的桃子。红红的桃子咬一口，真甜呀！

案例　　**文学作品学习活动：快乐的小屋**

活动目标

一、引导幼儿理解诗歌所展现的想象境界，感受诗歌所表达的热爱生活、热爱大自然的情感基调

二、帮助幼儿有感情地朗诵诗歌

三、培养幼儿的想象力、操作能力和创造能力

活动准备

一、根据作品内容，制作活动教具一套

二、准备各种积木、大插塑等

活动过程

一、导入

教师：“小朋友，你们住的屋子是怎样的？你感觉你住的屋子快乐吗？有一群小朋友，他们自己建造了一个小屋，并且是一个非常快乐的小屋，为什么快乐呢？让老师来把这首好听的诗歌读给你们听吧。”

二、教师有感情地朗诵诗歌

提问：诗歌的名字是什么？为什么小动物们会感到快乐呢？

三、运用活动教具，再一次朗诵诗歌，帮助幼儿体验小动物们建造小屋时的喜悦心情

提问：

1. 为什么小动物会感到快乐？房子是用什么材料建造的？房子里有谁？它们分别在干什么？

2. 为什么是萤火虫给小屋点灯？为什么说是纺织娘弹琴？蜘蛛织窗帘？蛐蛐唱歌？

小结：小动物们通过自己双手的辛勤劳动，搭建了美丽的小屋，所以大家在一起感觉特别的快乐。

四、带领幼儿有感情地朗诵诗歌（两遍）

五、发散幼儿思维

讨论：还有哪些小动物会来建造小屋呢？引导幼儿创编诗歌。

活动延伸

亲子游戏：请小朋友和家长一起用各种积木、大插塑搭建自己心中的小屋。

附诗歌：快乐的小屋

小朋友用鹅卵石，
搭了一间小花屋。
萤火虫给小花屋点亮了灯，

小蜘蛛给小花屋织好了窗帘，
小麻雀在屋旁种上了花草，
纺织娘来小花屋弹琴，
蛐蛐到小花屋唱歌，
小蚂蚁手拉手跳起了圆圈舞。
大家都说，
这真是一间快乐的小屋。

（资料来源：选自幼儿教育网）

第五节　幼儿早期阅读活动

一、幼儿早期阅读活动的作用

早期阅读是有目的、有计划地发展幼儿阅读能力、培养幼儿良好阅读习惯和阅读态度的活动。对于幼儿来说，早期阅读不仅能够为他们以后的成功阅读打下基础，而且是他们终身学习的开端。早期阅读有利于幼儿观察力、想象力、思维能力和语言表达能力的发展。具体表现在以下几个方面：

（一）早期阅读有利于幼儿语言能力的发展

早期阅读是提高幼儿语言能力的重要途径之一。早期阅读活动通过向幼儿提供丰富的阅读材料，不仅可以丰富他们的词汇，扩展知识面，还可以使他们形成良好的阅读习惯，从而提升他们的语言交际能力。相关调查研究发现，幼儿的阅读能力与语言表达能力成正比，即阅读能力强的儿童，语言表达能力也较强。丰富的阅读材料、轻松快乐的早期阅读活动能够激发儿童的阅读兴趣，增强其阅读动机。从图画书中，幼儿可以感知不同情境下语言表达方式的不同，获得语言交流的经验。一旦在实际生活中遇见类似情境时，幼儿会很自然地运用学习图画书中的语言表达方式。

早期阅读对儿童后期的阅读能力和学业成就也有较大的促进作用。美国哈佛大学曾经做过一项关于3～19岁儿童语言和阅读能力的调查研究，发现早期阅读活动的条件、环境与幼儿语言能力的发展和他们以后的学习成绩正相关。

（二）早期阅读有利于幼儿注意力和观察力的发展

早期阅读的材料多以形象鲜明、颜色鲜艳的图画书为主，内容一般是幼儿感兴趣的故事。诸如此类的读本，容易集中儿童的注意力，刺激他们观察图画书中的人物，感知故事的情节。幼儿可以边阅读、边想象、边思考。在阅读和思考中，儿童可以感受到故事中的人物形象。另外，早期阅读的材料一般都浅显易懂、生动有趣，符合幼儿思维的特点。在阅读过程中，幼儿要理解书本的内容、故事情节的前后关系、主要人物身上发生的变化等，就需要不断地组织和控制自己的注意力，对画面认真地观察。因此，早期阅读有利于维持并发展幼儿的注意力和观察能力。

(三) 早期阅读有利于幼儿情感、个性的发展

3～6 岁是儿童个性初步形成的时期，早期阅读为幼儿的个性发展奠定了基础。首先，幼儿在阅读过程中可以获得更多的信息，可以接触更多的人物形象，激起他们浓厚的学习兴趣，这种兴趣随着阅读时间的增加逐渐稳定下来；其次，为幼儿准备的阅读材料中包括很多生动有趣的故事，这些故事使幼儿习得了一些基本的道德行为习惯；最后，幼儿在阅读活动中接触到一些平常生活中没有的人际关系，逐渐分辨出哪些行为是好的，哪些是不好的，从而形成比较稳定的道德判断。除此之外，在阅读中，幼儿还可以感受不同的主人公形象，这对于幼儿个性的发展也有一定的影响。

二、幼儿早期阅读活动的设计与实施

(一) 阅读前的准备

1. 尽可能地为幼儿提供不同的阅读材料，营造适宜的阅读环境

不同种类、色彩的阅读材料从视觉上可以让孩子感受不同的事物、形象，从而激发幼儿的阅读兴趣。教师可以在阅读区准备不同内容、大小的图书，也可以自制图书和海报等。教师和幼儿也可以共同合作来编制简报本，在阅读区的墙壁上张贴图片以吸引孩子的注意力，同时也可以在墙壁上张贴一些关于安全或是提示安静的标志，为孩子创设一个适宜的阅读环境。

2. 设置悬念，创设问题情境

在幼儿阅读新书前，教师可以向幼儿介绍新书的内容，同时给他们提几个小问题，促使他们有意识地去了解书中的人物、地点、事情的发生经过等，激发幼儿的阅读兴趣和求知欲。另外，由于这个年龄阶段的孩子好奇心比较强，选择的图书应该是孩子不知道但却是感兴趣的，这样就容易引起他们的好奇心。

(二) 幼儿自主阅读

这是正式阅读的第一个阶段，早期阅读活动更适合采用个别化教学的方式，因此，每次参与阅读活动的幼儿人数不宜过多。教师可以创设机会让幼儿自己自由阅读，允许幼儿自由选择图书，鼓励他们按照自己的需要进行阅读。由于每个幼儿的个性特征不同，因而不同的孩子对图书的爱好不一样。有的幼儿喜欢童话故事，有的幼儿喜欢自然科学，有的幼儿喜欢传说故事。教师应根据孩子的不同喜好准备不同种类的图书。教师在这一过程中需要将阅读活动学习的书面语言展现在幼儿面前，让幼儿自由地接近学习活动的内容，观察自己的认识对象，获得相关的信息。

(三) 师幼共同阅读

师幼共同阅读可以使幼儿从自由接近语言信息，过渡到教师指导接受阅读信息。教师与幼儿共同阅读是早期阅读活动中非常关键的环节，在活动过程中应该充分发挥教师的指导作用。

1. 运用提问

在师幼共同阅读中，教师可以采用提问的方式来了解幼儿阅读的情况：一方面，提问可以帮助幼儿加深理解和感受阅读内容；另一方面，提问为师幼之间的交流与沟通提供了

良好的途径。因此，应该将提问贯穿于阅读教学活动的整个过程中。教师的提问也需要艺术，问题的设计是否恰当直接关系到活动开展得是否顺利。

首先，问题要符合幼儿的年龄特点。幼儿的思维方式以具体形象思维为主，教师的提问应该以开放性问题为主，使幼儿有思考问题的广阔空间。其次，教师的问题应遵循由浅入深的原则，以有效启发引导幼儿了解作品内容和主要思想。最后，教师的提问应该体现个别差异，针对不同的幼儿设计不同难度和类型的问题，让每一个幼儿都能够有机会表达自己的想法。

2. 抓住重点

每一次阅读活动都有其重点内容，教师首先要做到心中有数，并能有计划地在活动中抓住重点。经过师幼共同阅读，教师可以组织幼儿围绕阅读重点展开讨论，着重帮助幼儿深入理解阅读内容，掌握正确的阅读方式。除了组织讨论之外，教师还可以灵活采用其他活动形式，如表演、游戏等，帮助幼儿理解内容。

3. 总结归纳

归纳图书内容的方式多种多样，可以采用一句话归纳法、一段话归纳法或是图书命名法等，根据图书内容的难易程度选择不同的方法。此外，归纳图书内容的组织方式也有多种，可以用竞赛或表演的方式组织幼儿归纳和总结，以便巩固所学的内容。比如，大班早期阅读活动“文字的家”，采用幼儿循环游戏的方式帮助幼儿巩固有关田字格与汉字间架结构书写的学习内容。教师将幼儿分成 6 组，每组都有不同的游戏材料，包含不同的与学习内容相关的信息。幼儿可在 6 个组轮流玩，每人可获得 6 次关于所学内容的练习机会。而教师在交代活动规则之后，放手让幼儿去反复游戏，教师则做巡回指导，重点对有困难的幼儿进行个别辅导。

（四）讲述阅读内容

幼儿阅读活动，不仅仅是指幼儿能自由阅读，或者师生共同阅读，还有一项更高的要求，就是要求儿童将阅读材料的内容以口头语言的方式表达出来，也就是讲述阅读内容。这一环节的目的是让幼儿能够将书面语言与口头语言对应起来，通过讲述加深幼儿对阅读内容的理解，同时也可以增加同伴之间、师生之间的交流与互动。因此，这一环节是幼儿阅读活动的重要环节，教师在指导这一环节时，应该注意以下几点：

1. 讲述的内容必须是幼儿所熟悉的

教师在组织幼儿讲述阅读内容时，要提前做好充分的准备，选择的内容应该是儿童熟悉的、经过思维加工后能够理解的内容。因为只有儿童熟悉并理解的内容，儿童在讲述时语言才会比较流畅，用词比较准确，否则，假如儿童对阅读的内容不够熟悉，或者不大理解，那么儿童在叙述的时候，语言就会断断续续、语无伦次，这样不仅增加了幼儿的心理压力，而且会对幼儿的口语表达能力产生一定的影响，长期如此，甚至会造成幼儿口吃。另外，以上对幼儿讲述的流畅准确的要求，仅限于儿童的标准，不能机械地与成人相比。

2. 讲述阅读内容要求不宜过高

由于讲述的内容是儿童经过思维加工后所理解的内容，因此，教师在指导时不必要求幼儿将图书的所有细节全部按照图书内容讲述出来，也不需要对儿童讲述的内容反复比照，因为这样会大大降低儿童对阅读的兴趣。另外，教师需要注意的是，在讲述过程中可以鼓励儿童大胆地想象，可以将自己内心的体验与阅读故事中的人物、动作等结合起来，并用自己的语言表达出来。

3. 讲述阅读内容要注意个体差异，有针对性地指导

讲述可以是幼儿小组合作，也可以是独自讲述。不论是哪种形式，教师都要注意在讲述的时候，要根据不同幼儿的具体语言表达情况，给予具体的、有针对性的指导。教师可以为语言表达能力较弱的孩子选择较为简单的阅读内容，为语言表达能力较强的孩子选择较难的内容，从而使孩子都能从讲述过程中感受乐趣、获得自信。

4. 教师要耐心倾听幼儿的讲述，并及时给予反馈

儿童对阅读内容讲述的过程，实际上也是再学习的过程。这个过程不仅锻炼了幼儿的语言表达能力，而且还能够反映幼儿的语言发展水平，这是教师了解幼儿发展水平与差异的重要机会。因此，教师要耐心倾听幼儿的讲述，及时认真地对儿童的讲述进行反馈。倾听和反馈的过程又是师幼交流的过程，这样不仅可以增进彼此的感情，还能够使幼儿从中获得自信和快乐，最终促进幼儿语言能力的发展。

以中班早期阅读活动《三只兔子》为例，这个故事向幼儿展示了三只机灵的小兔子战胜大灰狼的故事。其中，三只小兔子遇到大灰狼后显露出的机智能给孩子一定的启示，幼儿非常喜欢这类故事。中班幼儿虽然已经掌握了简单的阅读方法，但在有序地阅读单页多幅图方面还没有经验，为了让孩子在阅读过程中根据故事的线索有序地阅读，教师可以将孩子阅读的过程分为两个步骤：第一步，先让孩子与教师共同阅读，在观察与分析中让孩子初步学习按顺序阅读的方法，为下面的自主阅读做好准备；第二步，在幼儿对故事背景有所了解的基础上，师生借助大小图书对故事做一定的讲解，与幼儿相互交流意见，共同讨论、分析、解决问题，使幼儿形成对故事连贯的理解。

案例 **中班早期阅读活动：三只兔子**

活动目标

一、学习有序地观察图片，理解故事内容

二、能大胆地表达对图片的理解

三、体验智斗大灰狼取得胜利时的成就感

活动准备

一、大图书一本

二、小图书人手一本

活动过程

一、出示大图书引起幼儿阅读兴趣

教师："今天我给大家带来了一本大图书，猜猜里面讲的是什么故事？你是怎么知道的？"

引导幼儿观察封面。

二、共同阅读前五幅图

教师："这本书里到底讲了一个怎样的故事？让我们一起来看看吧。"

（指图1）先来看看第一幅图，这里有谁？这三只小兔子长得一样吗？

（指图2）谁来说说第二幅图？它们到底想干什么？（幼儿充分表达以后，教师引导幼儿观察画面，说出它们在爬山）

（指图3）这里有谁？它在什么地方？猜猜它想干什么？谁来讲讲这幅图？

（指图4）这里发生了什么事？

（指图5）这里又发生了什么事？我们一起来学学大灰狼扑向小兔子的情景。

"小兔子有没有被吃掉？请小朋友拿出小图书从第六幅图开始接着往下看。"

三、幼儿自主阅读小图书

引导幼儿边看边讲后来发生的事情。

四、结合大图书理解和分析图片内容

教师："小兔子有没有被吃掉？它们想了什么好办法？""大灰狼找到小兔子了吗？"

请幼儿找出第9幅图。教师讲述。

提问：大灰狼没有捉到小兔子心里会怎么想？

（指图10）教师讲述。

教师："三只小兔子战胜大灰狼时心里怎么想？你是从哪一幅图看出来的？（请幼儿找出那幅图）它们在干什么？""你喜欢这三只小兔子吗？为什么？"

教师小结："我也非常喜欢它们，因为三只小兔子遇到危险没有害怕，会动脑筋想办法，它们很机灵。"

五、完整阅读图书

教师："你们喜欢这个故事吗？请拿好你的小图书和我一起讲讲这个故事吧。"

教师带领幼儿完整阅读图书。

（资料来源：选自幼儿教育网）

案例　　**托班早期阅读：优优去公园**

活动目标

一、喜欢观察画面，愿意根据画面进行简单表述，积极参与阅读活动

二、初步培养幼儿细致的观察能力，培养幼儿的表达能力

活动准备

一、小狗翻翻书之《优优去公园》

二、课件

活动过程

一、兴趣引入，亲近文本

教师："小朋友们，今天老师给你们带来了一个新朋友，它呀，是一只可爱的小狗，名字叫'优优'。（出示封面图画）初次见面，谈谈对这位新朋友的印象吧。"

教师："优优很可爱，你愿意和它交朋友吗？"幼儿："愿意！"教师："优优有许多有趣、好玩的故事，我们一起来看吧。"

二、精心导读，用心感悟

1. 阅读第 2～3 页

教师："这是优优，优优喜欢到处逛逛。"

提问："优优会去哪里？"

教师："优优去了公园。"

2. 阅读第 4～5 页

教师："优优去公园。"

提问："优优去公园干什么？"

教师："是呀，优优在公园里骑着滑板车。"（来到公园，翻开折叠面请幼儿说说优优在干什么。）

3. 阅读第 6～7 页

教师："优优跑到池塘边。"

提问："优优跑到池塘边做什么？想想池塘里会有什么？"（翻开折叠面请幼儿说说优优在干什么。）

4. 阅读第 8～9 页

教师："优优爬上滑梯。"

提问："它要干什么？怎么滑滑梯？"（翻开折叠面请幼儿说说优优怎样滑滑梯。）"数数第 9 页有几棵树，几只鸭子，几朵花。"

5. 阅读第 10～11 页

教师："优优滚下山坡。"

提问："优优滚下山坡感觉怎么样？"（翻开折叠面请幼儿说说优优的感觉。数数第 11 页有几只鸭子，几朵花。）

6. 阅读第 12～13 页

教师："优优在双杠上荡来荡去。"

提问："优优在双杠上荡来荡去感觉怎么样？"（翻开折叠面请幼儿说说优优的感觉。）

7. 阅读第 14～15 页

教师："不过，优优最开心的还是……"

提问："优优喜欢和谁一起玩跷跷板？"（翻开折叠面请幼儿揭开答案。）

三、完整欣赏

1. 集体阅读一次

2. 提问：你和谁去一起去公园会最高兴？为什么？

案例　　**小班早期阅读教案：神秘宝宝**

活动目标

一、喜欢阅读活动

二、理解作品中每个角色发生的有趣的"故事"，并认识颜色

三、能专心地倾听故事

活动准备

一、空白图书：《神秘宝宝》

二、透明的彩色纸：红、黄、蓝三种颜色若干

三、大的红、黄、蓝三种颜色的纸，小的橘黄、橘红、紫三种颜色的纸若干

活动过程

一、“魔术”导入，激发幼儿参与活动的兴趣

1. 出示红色和蓝色的色纸，引导幼儿思考

教师：“它们叠放在一起会变成什么颜色？”

2. 教师变“魔术”，引导幼儿观察

教师：“现在老师要把红色和蓝色的色纸叠放在一起了，见证奇迹的时刻到了！”

3. 鼓励幼儿说说自己的发现

教师：“红色和蓝色的色纸叠放在一起，变成了什么颜色？”

二、教师边讲述故事边在空白的图书上贴一贴，引导幼儿倾听关于颜色的故事

1. 教师分别出示红、黄、蓝三种颜色的色纸，引导幼儿观察和认识，并给颜色宝宝分别取一个名字

2. 教师边讲故事边将相应的色纸贴在空白图书上呈现故事内容

3. 讲到“‘神秘’遇到红太太和黄先生”时，引导幼儿一起讨论故事内容

教师：“‘神秘’遇见了谁？它们是‘神秘’的爸爸妈妈吗？‘神秘’的爸爸妈妈是谁呢？”

4. 教师完整地讲述故事，引导幼儿进一步感知故事内容

三、引导幼儿通过实验操作，感知颜色的奇妙变化，发现颜色变化的规律

1. 请幼儿用透明的红色和黄色纸进行重合试验，同时与故事中的“神秘”进行对比，发现橘黄和橘红像红太太和黄先生，发现浅绿、翠绿和墨绿像黄阿姨和蓝叔叔

2. 教师讲述故事最后两段，引导幼儿用透明的红色、蓝色进行颜色重合试验，发现“神秘”的由来

四、师幼一起制作大书《神秘宝宝》，感知颜色的变化

1. 师幼一起商量和协作，用提供的各种色纸进行粘贴，做成大书本

教师：“应该怎样制作大书呢？‘神秘’先遇见了谁？红太太和黄先生的孩子是谁？黄阿姨和蓝叔叔的孩子是谁？‘神秘’最后遇见了谁？”

2. 幼儿自由看着制作的大书，一起讲述《神秘宝宝》的故事

活动延伸

在科学区中投放红、黄、蓝色的颜料及装有清水的矿泉水瓶，引导幼儿自己探索，通过实验操作感受颜色的奇妙变化，发现颜色变化的规律。

（资料来源：选自幼儿教育网）

第六章

幼儿渗透性语言教育活动的途径

内容提要

幼儿的五大教育领域中，语言活动只是其中的一个方面，其他教育领域，如健康、科学、数学、艺术等各项教育活动都包含着大量的语言教育活动因素，这些领域中的教育活动是幼儿语言教育活动实施的重要途径，为幼儿提供语言活动的素材，为幼儿语言表达和语言交际创设机会，可以帮助幼儿理解语言的符号特性。

学习目标

1. 了解其他领域中的渗透性语言教育活动
2. 了解日常生活中的渗透性语言教育活动

除了专门性语言教育活动之外，在幼儿园语言教育活动中，渗透性语言教育活动是另外一个重要途径。在幼儿教育的其他领域，如健康、科学、数学、艺术等各项教育活动中，都包含着大量的语言教育活动因素，幼儿在这些教育活动中也能够不断地学习新词新句，尝试用语言与老师、幼儿或周围的成人进行交往。这些交往活动都能够锻炼幼儿的语言能力，教师应该很好地把握与运用这些教育机会，在开展其他领域的活动时，对幼儿进行随机的语言渗透教育。其他领域的教育活动能够为幼儿提供语言活动的素材，为幼儿语言表达和语言交际创设机会，帮助幼儿理解语言的符号特性。

第一节　其他领域中的渗透性语言教育活动

一、语言教育活动与其他领域教育活动的关系

为了更好地实施幼儿语言教育活动与其他领域教育活动之间的关系，需要理解其他领域的教育活动包含的语言教育因素。

（一）其他教育活动能够为幼儿提供语言活动的素材

在幼儿园进行的数学、美工制作、科学探索等其他领域的教育活动中，幼儿能够接触

到大量的物体，观察到多种现象，可以操作多种材料，探究事物之间的关联。这些经验都为幼儿的语言活动提供了丰富的素材，让幼儿在语言活动中有话可说，也为幼儿在语言活动中理解和运用不同类型的词语、进行多样化的表述、充分阐明自己对事物的认识奠定了基础。因此，幼儿教师在开展这些教育活动中，只要适当插入语言教育指导和说明，就能够取得良好的语言教育效果。

（二）其他领域教育活动能够为幼儿语言表达和语言交际创造机会

其他领域教育活动也是由教师提出言语指令或要求，由幼儿跟所指令做出行动。这些活动不仅提高幼儿倾听老师指令的能力，也在一定程度上实现了幼儿语言教育目标的要求。

另外，幼儿园不同的活动组织形式及其对应的语言交流形式，为幼儿创设了良好的语言条件，使幼儿不仅可以练习语言技能，还能体验到交往情境和交往行为之间的关系。例如，在面向集体讲话时声音要响亮，在个别交谈时声音要适度，在小组活动中既要表达自己的愿望，又要倾听同伴的声音，并进行听说之间的转换。可见，在其他领域教育活动过程中，教师通过为幼儿提供语言运用机会，使幼儿的语言能力得到相应的发展。因此，教师应充分挖掘其他领域活动中的语言因素，在设计和组织其他教育活动时充分利用这些机会，将语言教育渗透其中，在完成其他领域教育活动的同时，完成相应的语言教育目标。

（三）各种符号的学习可以帮助幼儿理解语言的符号特性

幼儿的学习语言实际上就是学习语言符号系统，并在语言符号与其代表的事物之间建立联系。在人们的日常生活中，除运用语言符号外，还有许多可以和语言符号相互转换的非言语符号，如数学符号、音乐符号等。例如，在美术活动中，教师引导幼儿通过点、线、面、色彩等视觉符号描绘景物，在语言活动中教师则可以引导幼儿用语言把作品中的画面描述出来。

通过非语言的符号性活动，幼儿将会逐渐懂得语言和其他符号系统一样，是人们用来描绘事物和表达思想情感的一种手段，人们可以根据表达的需要，选择其中一种或几种符号来抒发情感、表达意愿、描述世界等。

《幼儿园教育指导纲要（试行）》明确指出幼儿的语言教育要与其他领域的教育活动相互渗透。因此，幼儿语言表达能力的培养仅仅靠专门的语言教育活动是不够的，还必须将语言的训练渗透到科学、艺术、健康、社会等其他领域的教育活动中，这些活动虽不以发展语言为主要内容，但活动中包含大量的语言教育因素。幼儿在这些教育活动中也在不断地学习新词新句，尝试用语言与同伴或周围成人交往。因此，在其他领域的教育活动中进行随机的语言渗透教育是幼儿语言教育的主要途径。

二、在健康教育活动中随机渗透语言教育

在健康领域的活动尤其体育活动中同样存在语言教育因素。首先，体育运动可以发展幼儿听指令做动作的听话能力，或阅读图文做动作的阅读能力，还可以发展其身体、手势的语言。其次，教师可以通过让幼儿观看老师的示范性动作，请儿童讲述并讨论老师的动作要领及注意事项以发展儿童的口语表达能力。如，小班的孩子很喜欢参加户外活动，但

动作还不协调，很容易摔跤。户外活动“好玩的皮球”能够锻炼孩子身体的平衡能力和协调能力，通过活动让每个孩子都能够得到锻炼和发展，感受游戏的快乐。

案例　　小班户外活动：好玩的皮球

活动目标

一、学习拍球、抛接球、滚球、踢球等多种玩法和对应的表述，发展幼儿对体育语言词汇的综合运动技能

二、培养幼儿对球类体育活动的兴趣，发展幼儿的自主性和创造性

三、培养幼儿合作意识，提高幼儿合作能力

活动准备

平整宽阔的场地，彩色的小皮球

活动过程

一、教师和幼儿一起做准备活动，边唱儿歌边活动四肢

秋天天气真好（双手高高举起，左右摇摆）

菊花都开了（双手像两片小叶子一样张开放在下巴下面）

朵朵菊花对着我们弯弯腰（做弯腰动作）

秋姑娘飞来了，对着我们笑（张开双臂学“秋姑娘”飞）

小白兔一跳一跳又一跳（学小白兔跳）

二、导入

以儿歌《大皮球》导入，激发幼儿对活动的兴趣：

大皮球，圆溜溜，你也玩，我也玩，大家一起玩玩玩，玩得心里乐悠悠。

三、教师示范几种球的玩法，指导幼儿自由玩球

1. 滚球

幼儿围着大圆圈，教师站在圆圈的中间，带领幼儿边滚球边念儿歌。

2. 追球

两名幼儿追一个球，当幼儿甲将球滚出后，幼儿乙马上向前去追球，追到球后甲乙两名幼儿交换角色。注意要让球挨着地面滚动。

3. 反弹球

两名幼儿玩一个球，幼儿甲将球往地上用力拍，球向上反弹时，幼儿乙立即去接住球。然后交换角色继续玩。

4. 滚球过门

两人一球，幼儿甲两腿开立做球门，幼儿乙在距幼儿甲三米处，对准球门滚出球，进球为胜，然后交换角色，继续进行。

5. 我来拍，你来接

两名幼儿一只球，幼儿甲边拍球边说：“一二三四五，请你来接住。”当说到“住”时把球抛给幼儿乙，幼儿乙接住球后，边拍球边说：“一二三四五，请你来接住。”将球再抛给幼儿甲。

活动延伸

幼儿回家后，可以和爸爸妈妈一起玩皮球，并把自己学习的新玩法表演给爸爸妈妈

看，请爸爸妈妈也表演几种新玩法。

案例　　中班健康活动：牙牙PK赛

活动目标

一、知道健康牙齿的特征，养成良好的护齿习惯

二、能够积极参与活动，大胆表述意见，体验活动的乐趣

活动准备

白板课件，操作材料每人一份。

活动过程

一、展示大赛背景，激发幼儿兴趣

1. 了解今天的比赛项目

2. 认识参赛选手

二、通过游戏，让幼儿了解健康牙齿的特征，知道如何正确地刷牙

（一）没蛀牙

1. 找出有蛀牙的参赛选手

2. 评选过关的参赛选手

（二）比亮白

1. 了解可以使牙齿亮白的方法

2. 认识参赛选手统计表

3. 学习正确的刷牙方法

4. 评选通过本轮比赛的参赛选手

（三）最坚固

角色扮演："狮子"和"老虎"PK赛

1. 猜测谁会赢得冠军

2. 观察狮子和老虎的比赛表现

3. 了解狮子赢得比赛的秘密

4. 给狮子嘉奖

三、教师总结

1. 操作：找出让牙齿更健康的方法

2. 交流操作结果，说出原因

3. 回教室纠正

三、在社会教育活动中随机渗透语言教育

在社会领域中，幼儿要与人交往，学习交往的规则和方法，这本就要求儿童对语言的理解和运用。无论哪一领域的教育活动，在活动过程中，教师都可提醒儿童面对集体说话

时音量要适度，在与小朋友交谈时要“不声不响”，在小组讨论中既要说出自己的想法，又要倾听他人的谈话，这些经验也是语言教育最终期望达到的目的。幼儿在其他领域教育活动中所获得的经验，以及其他领域教育中的不同教育组织形式及其对应的语言交流，为幼儿提供了良好的机会。例如，随着幼儿第一次自我意识的觉醒，一部分中班幼儿会在游戏中表现出独霸行为，为此常常难以和同伴友好交往，享受不到交往的快乐。故事《一粒小米种子》讲述了一只小鸡为了和小伙伴共同分享一粒小米，细心播种、耐心等待，收获后终于将小米分给大家吃的故事。通过讲述故事，让幼儿学会如何分享，认识到分享的意义，体会分享的快乐。

案例

中班社会活动：分享真快乐

活动目标

一、学会分享，知道谦让和分享能交到更多的朋友

二、能与同伴分享玩具、图书，并与同伴积极交流自己的想法

三、感受谦让、分享给自己和他人带来的快乐，体验爱的温馨与美好

活动重点：学会分享，知道谦让和分享能交到更多的朋友。

活动难点：能与同伴分享玩具、图书，并与同伴积极地交流自己的想法。

活动准备

(1) 幼儿提前带一件自己喜欢的物品，如一个玩具或者一本图书，布置一个“我喜欢的……”。

(2)《一粒小米种子》教学挂图、PPT（幼儿与同伴分享玩具，愉快玩耍的照片）、轻柔的背景音乐。

活动过程

一、出示幼儿最喜欢的玩具和图书，了解幼儿关于分享的真实感受

1. 分享交流自己最喜欢的物品

让幼儿选择自己最喜欢的一个玩具或一本图书，并让幼儿说出自己最喜欢的东西是什么？为什么喜欢？

2. 创设问题情境，幼儿讲述有关分享的想法

提问：“如果你喜欢的东西你的同伴也喜欢，你会怎么办呀？”

小结：有的小朋友说藏起来，有的小朋友说一起玩，有的小朋友说你玩一会我玩一会谦让着玩。小鸡连克也遇到了相同的问题，我们来听故事，看看小鸡连克是怎么做的？

二、讲述故事，理解分享的行为和意义

1. 完整地讲述故事，知道分享就是将自己喜欢的东西或快乐的事情和小伙伴共享

提问：小鸡连克在院子里找到一粒小米种子时是怎么想的？怎么做的？它为什么这么做？连克的同伴吃到小米时的心情是怎样的？小鸡连克的心情又是怎么样的？

小结：小鸡连克有好东西时总是愿意与同伴分享，分享就是有了好吃的和别人分着吃，有好玩的东西和别人一起玩，有好书能轮流看。分享让同伴快乐，也能让自己很快乐。

2. 讲述自己的分享经历，感受分享的意义

提问：你和好朋友分享过什么？分享后，好朋友的心情是怎样的？你的心情是怎样的？

小结：原来分享让小朋友感到心情愉快，小朋友相互分享可以获得更多的快乐。

三、分享自己喜爱的东西，体验分享的意义与快乐

1. 播放音乐，幼儿将自己喜欢的物品彼此进行交换（注意引导幼儿能与更多的小朋友进行分享）

2. 观看与同伴分享物品时拍摄的照片，感受同伴之间分享物品的温馨与美好

提问：你和谁分享了自己的好东西？交到新朋友了吗？心里有什么感受？有不愉快的事情发生吗？怎样解决的？

小结：分享能帮我们交到更多的好朋友，在分享的时候，我们要有礼貌，爱惜别人的东西，玩完了及时归还。

3. 小结

小朋友互相分享自己的玩具或图书后，就会有更多小朋友能玩到自己喜欢的玩具、看到自己喜欢的图书了。分享不仅能使小朋友得到更多的玩具和图书，而且能使小朋友感受到更多关于分享的快乐。小朋友在之后的活动区活动时要注意互相谦让，和同伴共享活动区材料。

附故事：一粒小米种子

有一天，小鸡连克在院子里找到一粒小米种子。连克平时非常大方，朋友们也很多，从来不一个人吃东西，有东西总是分给朋友们一起吃。它悄悄地找到这粒小米种子，不禁犹豫起来：种子这么小，只能一个人吃怎么办？鸡妈妈知道了，就和它说："你把这粒小米种子种在地里，秋天再来吧。"秋天到了，连克来到埋下小米种子的地方。只见结的小米谷粒真多啊。它赶快把米粒收起来。连克把丰收的消息告诉朋友们，请大家到它家里做客。朋友们看着桌子上摆着金灿灿的谷粒，高高兴兴地吃起来。

案例 **幼儿园大班社会教案：感恩**

活动目标

一、在生活中发现、理解周围的人对自己的关心、爱护

二、能联系自己的日常生活经验参与交流与表达

三、愿意用积极的情感和行动表达自己对他人的感激之情

活动准备

一、视频：《卖烧烤的小女孩》

二、社会各行各业人士工作的图片

三、歌曲：《感恩的心》

活动过程

一、情感体验

1. 播放视频《卖烧烤的小女孩》，引起情感共鸣

教师："今天，李老师带来了一段录像，请你仔细地看一看，录像里说了什么事情。"

2. 帮助幼儿理解故事，融入卖烧烤的小女孩的精神世界

教师："刚才的录像里说了什么事情呀？"

教师："除了卖烧烤，小雨欣还做一些什么事？"

教师小结："小雨欣每天放学后都要帮妈妈卖烧烤，回家后还要做很多的家务。"

教师："小雨欣为什么要帮妈妈做那么多事呢？"

教师："妈妈生病了找不到工作又不能干重活，为了照顾家人她每天都要去卖烧烤。"

教师："那你觉得小雨欣是一个什么样的孩子？"

教师小结："是的，小雨欣是一个非常懂事的好孩子，她有一颗感恩的心，她每天帮助妈妈做那么多事，就是她在用自己小小的双手来感恩、回报妈妈。"

教师："虽然每天都很辛苦，但是她还是以全校第一名的成绩来回报妈妈。她的故事感动了很多人，她还被评为了'最美孝心少年'。"

二、感恩父母、家人

教师："小雨欣的妈妈一个人那么辛苦地照顾着家人，那你觉得你自己的妈妈辛苦吗？"

教师："那你的妈妈每天都忙些什么？"

教师："妈妈平时是怎样来关心我们小朋友的？"

教师小结："我们的妈妈把可爱的小朋友带到了这个世界上，又含辛茹苦把你们养育大。妈妈为了我们的健康成长付出了许多的爱，那你们爱妈妈吗？"

教师："那我们应该怎样来谢谢妈妈呢？你想对妈妈说些什么话？你想为妈妈做点什么事？"

教师小结："小朋友们说得真好，我们应该感恩我们的妈妈为我们所做的一切。我们可以给妈妈送一句祝福，还可以学着自己的事情自己做，帮妈妈减轻一点负担，做一个懂事的好孩子，不让妈妈操心，就是对妈妈最好的感恩。"

教师："在家里，除了妈妈还有哪些家人也爱着我们？他们是怎么爱我们的呢？"

教师小结："我们的家人很爱我们，每天都为我们做那么多事，我们应该如何感恩家人呢？""现在小朋友们都长大了，学会了自己的事情自己做，有的时候还会帮助家人做一些事，你们都是懂事的好孩子。"

三、感受来自生活中的关爱

1. 感恩家人

教师："在生活中除了自己的家人在关爱着我们，还有谁也在一直关爱着我们，帮助着我们呢？"

2. 感恩教师，了解教师每天的辛苦工作，谈谈如何感恩教师（图片：老师教孩子们学知识）

教师："咱们每天从来园到离园，都做些什么啊，老师都教会我们什么啊？"

教师小结："咱们在幼儿园的一天时时处处都离不开老师的辛勤教育，咱们应该怎样来感谢教师呢？"

教师小结："其实呀，如果你们每天都表现好了，在一日活动中健康地成长，就是对老师最好的感谢啊！"

3. 感恩伙伴，体验友情之乐（图片内容：两个小伙伴在一起玩，其中一个孩子把自

己心爱的玩具给另一个孩子玩）

教师：“你和你的小伙伴在一起开心吗？有哪些开心的事？”

4. 感恩社会，主要是让幼儿了解各行各业的人都是辛勤奉献的，我们应该感恩身边的人

教师：其实我们身边还有很多人也值得我们用一颗感恩的心去尊重他们。

(1) 出示农民锄地的图片。

教师：“我们平时的食物是农民伯伯辛辛苦苦种出来的，我们要尊重农民伯伯，并要爱惜粮食。”

(2) 请幼儿观看建筑工人盖房子的过程，懂得感恩建筑师。

(3) 展示医生给病人看病的图片，让幼儿明白我们能拥有健康的身体是离不开医生的，应该感恩医生。

5. 进一步理解如何感恩，知道我们要从小讲文明、懂礼仪

教师：“我们身边有太多要感谢的人，我们应该感谢父母把我养大；感谢老师教给我本领；感谢小朋友带来的欢乐、帮助；感谢农民伯伯种出的粮食……你最想感谢的人是谁？你想怎么感谢他呢？”

教师小结：“刚才小朋友想出了许多感恩的方法：可以是向帮助过自己的人说一声谢谢、回报妈妈一个吻、让爸爸省心、听老师的话、尊重别人的劳动，等等。”

四、制作感恩卡片

教师：“我们应该常常拥有一颗感恩的心，感恩身边一切爱我们的人。这样生活会变得更快乐！更幸福！那我们一起来制作一张感恩卡片送给你最想感恩的人吧！”

教师：“你在感恩卡上画了什么？你想把感恩卡片送给谁？”

教师：“我们一起去把感恩卡片送给你最想感恩的人吧！”

活动延伸

可以请幼儿以唱歌的形式来表达自己感恩的心。

（资料来源：选自幼儿教育网）

四、在科学教育活动中随机渗透语言教育

科学教育活动中的语言交流主要包括描述和讨论两种方式。幼儿在描述和讨论中既可以提出自己的观点与想法，又可以交流自己的探索、操作过程和操作方法，以及从中获得的情绪体验。比如，在科学活动“沉与浮”中，教师给幼儿提供多种操作材料，像乒乓球、积木、空瓶子、钥匙、橡皮泥、小石子、回形针、小碗、磁铁、笔、纸等，在认识这些物体后，先请孩子回答“这些物体放入水中，你会发现什么？”让孩子根据自身的经验积极进行猜测和讨论。通过实验验证，孩子们对各种材料的沉浮现象有了统一的认识，让他们各抒己见、互相争论，与同伴进行语言的交流和分享，在老师的启发下把探究和发现的过程进行梳理并用连贯完整的语句表达出来。例如，“圆盖盖”是主题“瓶瓶罐罐”中的活动之一，以瓶盖“皮皮”这个有趣的形象贯穿整个活动，给予幼儿自由想象的

空间和想说、爱说、敢说的机会。过程设计要以故事为主，让幼儿在生动有趣的故事情境中学习，在轻松的学习氛围中体验成功，感受快乐。

案例　　　　科学活动：圆盖盖

活动目标

一、欣赏并理解故事，喜欢故事中的角色

二、学习故事中的短句并大胆地表述

三、任意想象，感受瓶盖印画带来的乐趣

活动准备

一、装饰好的瓶盖“皮皮”一个，瓶盖每人一个

二、水粉颜料（红、黄、蓝）、蜡笔、铅画纸四张

活动过程

一、设置情境，引入课题

教师：“今天这么多的爸爸妈妈来我们班做客，还来了一位非常重要的客人哦！它在哪呢？皮皮！皮皮！我们一起把它叫出来吧！”

1. 幼儿和教师一起请出皮皮（慢慢地拉动绳子，请出皮皮）

2. 教师扮演皮皮，并用各种方式（打招呼、拥抱）向幼儿问好

教师：“小朋友们好！我是皮皮！”（幼儿：“皮皮你好！”）

二、欣赏故事，学习短句

教师：“你们知道皮皮是从哪里来的吗？大家为什么叫它皮皮呢？听完故事你就明白了。”

（一）教师讲述故事的前四段，用“皮皮”演示故事印画环节并提问

1. 它为什么叫皮皮？因为它很调皮，每天东跑跑、西跳跳，所以大家都叫它皮皮

2. 它住在哪里？（它住在瓶罐王国里）

（二）用不同的方式（个别、小组、邀请家长参与互动等）学习故事中皮皮的语言

1. 它跑到什么地方去玩了？（它跑到红颜料里去玩了！）它跑到红颜料里是怎么说的？（好漂亮哟！让我变成圆圆的红太阳吧！）

2. 它还去过哪些地方呢？（黄颜料）到黄颜料里它又是怎么说的呢？（好漂亮哟！让我变成圆圆的小黄花吧！）

3. 它还去过哪些地方呢？（蓝颜料）到蓝颜料里它又是怎么说的呢？（好漂亮哟！让我变成圆圆的蓝泡泡吧！）

4. 皮皮从一种颜料跳到另外一种颜料里之前都会做什么动作呢？（皮皮在抹布上擦了擦脸。）

三、师幼共同进行情景表演

教师讲述故事，并引导幼儿扮演皮皮，练习故事中的短句。

四、讲述故事结尾并提问

1. 皮皮到底是什么啊？（幼儿自由想象回答。）

2. 讲述故事结尾：让我们来听一听吧！

3. 请幼儿一起说出皮皮是什么："现在请你们一起告诉我皮皮是什么吧!"

小结：原来皮皮是一个圆盖盖。

五、拓展活动：瓶盖印画

1. 皮皮还能变什么东西?(幼儿自由回答，教师示范瓶盖印画。)

2. 幼儿分组进行瓶盖印画

教师："今天老师给你们准备了这么多的皮皮，让我们一起动动手、动动脑，印一印、画一画。请爸爸妈妈也一起来吧!"

3. 小组点评，结束活动

教师："皮皮变的东西真好看呀！让我们放到外面展示一下，晒一晒吧!"

（资料来源：选自幼儿教育网）

五、在数学教育活动中随机渗透语言教育

幼儿的数学教育活动是利用数的价值促进幼儿逻辑思维发展，同时培养幼儿对数学的学习兴趣的活动，为幼儿以后进一步学习数学打下基础，做好心理准备。

数学活动虽然与语言活动属于两种不同领域的教育活动，且不需要幼儿使用优美动听的语句以及丰富的词汇，但两者之间也有着必然的联系。数学活动需要幼儿有快速的反应能力、敏捷的思维能力和准确的口语表达能力。实际上，语言在数学活动中是无处不在的：一方面，教师的语言表述直接影响着幼儿理解和学习的效果，影响幼儿个体性操作；另一方面，幼儿在数学活动中需要用完整、简练的语句准确地表达自己的思维过程和结果，这种能力是需要通过教师的教育引导才能达成的。新《纲要》提出发展幼儿语言的关键在于创设一个支持性的语言环境，在幼儿语言教育方面，教师作为儿童语言发展的支持者需要实现这样的目标。由教师提供的支持性教育环境有利于儿童语言能力的迅速发展。在实际的数学活动中，教师应该从几个方面进行语言活动的渗透。

（一）教师的教学语言要生动形象、简洁明确

在数学活动开始部分，教育语言主要是为了引起幼儿对活动的兴趣，让幼儿初步了解活动的内容，常用的方法有直接讲解法、故事讲述法、问题设置法等。

直接讲解法是指教师直接明确地讲述数学教育活动的内容或规则。故事讲述法则是通过创编生动形象的故事情节，或创设一定的故事情境，将抽象的数学教育内容形象化、具体化和简单化。这种方法在各类活动中都较为常见。问题设置法主要是根据数学教育活动的内容或规则设计游戏，引起幼儿的思考，从而使幼儿了解数学教育活动的内容和要求。

在数学教育活动的中间部分和结束部分，教师的教学语言一方面是用简单形象化的语言引导幼儿理解概念，另一方面是帮助幼儿讲述自己的操作结果。

（二）数学操作、游戏活动中的讨论和讲述

数学活动中，有些数学语言是指令性的。它是教师对幼儿动手操作的指令或要求。数学活动中，幼儿的个体化操作是经常性的、有必要的。他们正是在动手操作过程中逐步形

成数的概念并慢慢积累数学知识。

在运用这些数学语言时，一方面要针对不同年龄幼儿的特点，采用不同的方式。比如，对小班的孩子每一次操作指令就不宜过多，一般一到两个为宜；另一方面注意发出的指令要重点突出、交代清楚。比如，要求孩子将图形按红、黄两色进行间隔排列时，这里的“红、黄两色”和“间隔”两个词就是关键，教师发出指令时语速就要放慢，还可以稍作停顿，加以强调。

数学活动中，教师通过数学语言引发孩子活动的兴趣，化抽象为具象，为他们开启数学思维的大门，又为他们表述提供参考的范本。如果教师一直采用这样的方式，幼儿就会耳濡目染，会不自觉地模仿教师，在生活中再现教师运用数学语言的情景，逐步成为幼儿自身表达的一种习惯和方式。

（三）提供有利于幼儿创造性运用语言的机会

幼儿语言教育的目标不是让幼儿强行记忆大量的词汇，而是引导幼儿“乐意与人交谈，讲话礼貌；注意倾听对方说话，能够理解日常用语；能够清楚说出自己想说的事，逐步喜欢看书、听故事；能够听懂并学会说普通话。”归纳起来，就是让幼儿“想说、愿说、敢说、会说”。创造性语言运用环境应当是《纲要》所提出的幼儿“想说、敢说”的环境。

数学活动中，有数字、图形，还有符号等。每个数字、图形、符号都给幼儿无限的想象空间，有不同的语言表达内容。比如，要是问小班的孩子数字“1”像什么？他们就会结合自己的生活经验随意想象，有的可能会说像木棒，有的可能会说像筷子，有的可能会说像拐杖，还有的可能会说像铅笔。再比如，要是问中班的孩子数字“5”可以表示什么？他们可能会说能够表示“5 棵大树”“5 朵小花”“5 颗糖”“5 只小狗”“5 个小朋友”“5 张床”，等等。这时，他们一方面想要有别于他人，另一方面又要合理地使用量词。再比如，要是让大班的孩子看算式编应用题，不同的孩子可能会根据同一个算式编出不同的应用题。这些都是幼儿创造性语言运用的表现。

任何数学活动都不要形成教师一问到底或一言堂的氛围，一定要给孩子留有充分的反问、质疑、思索、表述的空间。教师要经常引导孩子“这样做对不对？为什么？”“你有不同的意见吗？”“你还有其他的方法吗？”诸如此类问题，孩子就会变得有自己的独特想法，敢于大胆表述。因此，教师在开展数学活动时，一定要有整合的思路，把握一切培养幼儿语言的机会，这样数学活动中不仅可以提升幼儿的逻辑数理能力，同时还能够发展幼儿的语言能力。

案例　　**中班数学教案：彩旗飘飘**

活动目标

一、能发现物体的排列规律

二、按物体的某一特征规律排序，大胆尝试创意排序

三、体验和感受生活中的规律美

活动准备

一、两种类型、三种颜色的彩旗、夹子、纸盘子、麻绳

二、磁力彩旗、课件、笔记本电脑

活动过程

一、(导入)规律感知

游戏:欢迎式

教师:“孩子们好!新的一年就快要到了,我们班要开一场庆元旦联欢会,请你们的爸爸妈妈也来参加,看咱们表演节目,大家说好不好?那我们先练习练习怎样欢迎他们吧!请你像我这样做!欢迎欢迎(拍手),热烈欢迎(拍肩)。你学会了吗?”

教师:“那我们来演练一下,一会儿我说‘下面让我们用最热烈的掌声欢迎爸爸妈妈的到来’,你们就鼓掌好吗?看我的手势开始就鼓掌欢迎,看手势结束,你们就把手放下!好,中一班庆元旦联欢会正式开始,下面用我们用最热烈的掌声欢迎爸爸妈妈们的到来。”

教师:“孩子们,你们真棒!我们也用这种方式表扬表扬自己吧!”

“棒、棒(拍手),你真棒(拍肩)!”(三遍收手势)

二、发现规律

1. 男女孩游戏

教师:“新年联欢会,我们要表演节目的对吗?那要排个好看的队形啊!”

出示PPT(1):男孩、女孩。

教师:“你们看,大一班的小朋友都排好了,但这队后面好像缺了一个人,是男孩还是女孩呢?你是怎么知道的?对,因为他们前面就是按男、女、男、女这样的顺序排队的,所以男孩后面就应该是个女孩!”

教师:“哪一组想按大一班的顺序排队呢?那么请第三组小朋友先来一个小队长,从他开始,第三组的小朋友面向大家,按照女、男、女、男的顺序排成一条直线,开始!”

“他们排得对吗?我们一起检查一下,女、男、女、男。”

“对吗?对,完全正确。”

“不对,谁来调整一下呢?请另一组人来纠正。鼓励一下。棒!棒(拍手)!你真棒(拍肩)!”

教师:“好,请回到座位上。”

出示PPT(2):女孩、女孩、男孩,女孩、女孩、男孩。

教师:“那再看看大二班小朋友是按什么顺序排队的?”

“像他们这样按照女男、女男,或者女女男、女女男这种一直重复相同的顺序排队就是按规律排队的呢!”

“哪组小朋友想要像大二班一样的规律排队呢?你来当队长,第一组从队长开始,面向大家向左排,自己按女女男、女女男的规律排队试试吧。”

“对吗?我们一起来检查一下。完全正确,鼓鼓掌。”

“不对,谁想来给调整一下?请另一组来人纠正。”

“接下来老师要给大家变个魔术,请坐着的小朋友向后看,一会儿我说‘开始’时大家一起数到三再转身,前面的小朋友盯着他们不许偷看哦。(藏起一个小朋友)好了,请转身,我表演的魔术就叫《男孩女孩请出来》,请你猜猜空缺的位置是男孩还是女孩。我们一起喊:‘女孩女孩请出来。’猜对啦!难不倒你们啊!那我再变一次。”(藏起两个小朋友)

2. 彩旗排序游戏

教师："元旦联欢会我们还要把教室打扮漂亮啊！小朋友们看一看，这队的小彩旗是按什么规律挂起来的呢？"（彩旗课件）

教师："它们是按照红、绿、红、绿的顺序排列的。红旗后面应该是什么颜色呢？"

教师："那这队的小彩旗又是按什么规律排列的呢？"

幼儿："一面红色的旗、一面黄色的旗、一面蓝色的旗。"

三、规律创造

教师："老师这儿也有一些小彩旗，如果让你也给它们按规律排排队，你能排出一个新的规律吗？"

（先排两种颜色的，然后再排三种颜色的）

教师："我们生活中还有很多东西是按规律排列的，来看一看老师还找到了什么？"（展示课件）

"气球是按什么规律排列的？""粉—紫—粉—紫。""斑马是按什么规律排列的？""斑马条纹是按黑—白—黑—白的顺序排列的。""这是花朵，是按黄—紫—黄—紫顺序排列的。"

教师："你还发现在我们周围或生活中有什么东西是按规律排列的呢？"

教师："我们发现了好多东西都是按照规律排列的，今天就有一个任务交给大家。在联欢会上我们要布置和装饰我们的教室，你能将一些材料按规律装饰起来吗？"

"老师为大家准备好了制作材料，栏杆的弧线挂绳上可以制作彩旗挂饰，每个孩子选一个对应的小桶，桶里有彩旗和小夹子，可以按照你喜欢的规律用小夹子把彩旗夹起来。可以和老师制作的一样，也可以不一样。这边桶里都是两类小旗（一边讲解，一边示范）。"

"这边是三色小旗。老师还为你们准备了彩色规律排列图卡和生活实物规律排列图卡，也可以根据图片制作。"

"这两张桌子是制作彩色花吊饰的地方。每人都可以在第一张桌子上选一个小桶，小桶里有这样一个挂盘花心和两种颜色的夹子，你可以按喜欢的规律从绳子这边夹到绳子另一边，做成一朵彩色花，把它挂在这边栏杆上。"

"第二张桌子没有桶，每人只有一个挂盘花心，但这张桌子上的所有材料都可以按你喜欢的规律自由选取搭配。桌子上的串珠吊饰材料也是可以共用的，这里每人需要拿一个空桶，挑选自己需要的串珠把它们按规律串到挂绳上，最后用这种小卡扣夹住就可以了。"

"现在在心里想一下自己最想制作什么，怎样排一个好看的、有规律的装饰呢？一会儿我们来比比赛，看谁按规律排得最好看！想好后就可以悄悄地走到它们的身边开始制作了。如果你想去的位置有人去了，你也可以到其他位置看一看。"

（想一想，按什么规律把它们串起来？）串好的小朋友相互之间可以讲一讲，你是按什么规律串的。教师巡视，对个别幼儿给予指导和帮助。做完的小朋友可以拿到配班老师的奖励。

四、规律展示

请个别幼儿展示讲解。

教师："小朋友们，今天我们发现了很多按规律排序的东西，还按规律制作了很多挂饰，把我们的教室布置得这么漂亮！孩子们你们真棒！为自己鼓鼓掌吧！

“生活里还有很多很多的东西都是按规律排序的，我们再去找一找吧！下次就会制作出更漂亮的作品来了！新年快乐！再见！”

（资料来源：选自幼儿教育网）

六、在艺术教育活动中随机渗透语言教育

幼儿在艺术教育活动中不仅接受艺术的熏陶，而且用语言表达自己的感受、情绪，体验已有的知识，这其中包含着大量的语言教育要素。如在美术活动中，可以要求幼儿在完成绘画或手工作品后，讲讲自己创作的作品，甚至用自己创作出的人物讲故事。音乐和语言有着非常密切的关系，在一串串音符、节奏及旋律变化中，幼儿能凭借着他们对音乐的特殊的领悟力，用语言描述自己欣赏音乐时的感受，比如以音乐为背景朗诵歌词、就舞蹈动作编故事等。特别是在唱儿歌时，音乐与语言完美地结合，幼儿在优美的旋律下，诵读着充满韵律感的诗歌，是一种非常美妙的享受，幼儿可从中感受音乐与文学语言的双重美感，通过说、唱结合，进一步培养幼儿有节奏地说的能力。

（一）美术教育活动中的语言教育渗透

美术活动是一种有形、有色、有情节的艺术活动，对幼儿有着很大的吸引力。在美术活动中，教师在发展幼儿美术技能、培养幼儿艺术素养的同时，借助美术这一途径提高幼儿的语言表达能力，在美术活动中渗透语言教育，让幼儿充分地表达自己的见解与想象，促进幼儿素质的全面发展。

1. 在选材设计中体现语言的渗透

美术活动的选材可以考虑语言教育的渗透。应选择生动的故事或游戏引起幼儿创作的愿望，尊重幼儿的独立性、积极性，接纳孩子的艺术创造方式和他们的一切作品。鼓励幼儿大胆创新，培养幼儿参与活动的兴趣和信心。像中国悠久的耳熟能详的儿歌就是很好的素材。将儿歌通过绘画的方式表现出来，通过游戏玩玩、说说、画画，从中掌握人物不同动态的画法，生动而有趣。

选材设计应以社会生活为源泉，让幼儿在真实的互动和言语的交谈中体验美好生活。尽管幼儿园的生活是丰富多彩的，但幼儿园毕竟太小了。因此，应根据幼儿园的实际，充分挖掘当地的有效资源，组织安排丰富有趣的户外社会实践活动，带领幼儿走出幼儿园，接触新天地，开阔幼儿的视野，激发幼儿的探究欲望，满足幼儿的表达和表现的欲望。比如，通过组织广场、公园的写生活动，使幼儿在“看一看、玩一玩”的活动中捕捉绘画元素。在“美丽的春天”美术活动中，为了让幼儿得到直观体验，感受春天的气息，体验春天的到来，可带幼儿一起走出幼儿园，利用周边社区的资源，让幼儿通过寻找、感受、体验，亲自认识春天、了解春天。

2. 在观察讨论中体现语言教育的渗透

美术是一门视觉艺术，美术的一切活动都是以观察为基础的。在美术活动中，教师要引导孩子观察艺术对象的形象、结构、颜色等特征，并用语言进行表达。比如，在教幼儿

画金鱼时，可以先让孩子观察鱼缸中的金鱼，观察金鱼的外形特征，并让他们用语言表达出来。当姿态各异的金鱼展现在幼儿眼前时，幼儿会情不自禁地表达自己的所见所感："金鱼的颜色真多，有红的、黄的、黑的……我喜欢这条，你喜欢哪一条？""金鱼的尾巴好漂亮，摆来摆去，真像美丽的飘带，还像妹妹的花裙子。""金鱼的眼睛是鼓出来的，像两颗珍珠。"这时候，教师如果顺势教幼儿学说些新词和完整的描述性句子，他们就会很感兴趣，从而产生一种学习语言的冲动，积极主动地配合老师的教学。再通过欣赏一些美术大师关于金鱼的作品，进行比较、讨论，从而使幼儿的观察力、语言表达能力得到提高，并为他们学习绘画打下基础。

3. 在创作表现中体现语言教育的渗透

在创作表现过程中，可以把画画步骤结合情景编成幼儿容易理解的语言，让他们一边画一边说。比如"种树"，通过"浇浇水、施施肥、晒晒太阳"，帮助幼儿描绘出树干上长出的大树枝，大树枝上又长出小树枝，小树枝上再长出小小树枝；再比如"烧鱼"，通过"放点油，把鱼放进去，再放些调料"，帮助幼儿理解画画步骤。这样，幼儿在学习过程中就会有兴趣，既掌握了绘画要领，又提高了语言水平。

4. 在展示交流中体现语言教育的渗透

在美术活动中，幼儿通过动手动脑，创作出丰富多彩的作品，头脑中也酝酿了各种各样的故事情节，而且还很想说给别人听，利用这一点，可以在作品展示的过程中，让他们相互交流。比如，结合文学作品《小兔找太阳》，让幼儿进行美术创作，每个人可以选择其中一幅画面。通过小组合作，大家看着自己的作品共同讲故事，兴趣会非常浓厚。

利用美术墙，展示孩子们的作品。在休息或自由活动时间，让幼儿发表自己的看法。比如"你最喜欢谁的画？为什么？""某某小朋友有进步吗？""你是从哪儿看出来的？"等。这样，不仅提高了幼儿的审美能力，还发展了他们的语言表达能力。以美术活动"我的好朋友"为例，在幼儿园里，孩子们每天朝夕相处都已经成了很好的朋友，除此之外，每个孩子在自己的生活中也有属于自己的好朋友。孩子们每天都会和自己的朋友热情地打招呼、一起玩耍，一起解决问题，但孩子们对朋友的长相并不能清楚地形容和描述。该活动可以让孩子们对朋友的外貌有所关注，并感受生活中和朋友在一起的快乐。

总之，美术活动为幼儿语言表达创造了很好的机会，让幼儿在活动中有机会说，始终处于积极参与的状态。只要我们为幼儿创造机会，就能使他们的表达能力得到不断的发展和提高。

案例　　**美术活动：我的好朋友**

活动目标

一、尝试用图形组合画出不同的脸，呈现生活中的好朋友的形象

二、愿与朋友互相帮助，体会与朋友在一起的快乐

活动准备

幼儿绘画材料

活动过程

一、我的好朋友——回忆与你身边的朋友互帮互助的情景，架起友情之桥

1. 我们每个人都有好朋友，你结交了新的好朋友吗？是谁呢？

2. 在幼儿园里，我们都需要朋友的帮忙，有没有你帮助他、他也帮助你的事情呢？（幼儿自由表述）

小结：好朋友应该互相帮助，真正的好朋友是会在有困难的时候帮助你的朋友。

二、脸儿变变——引导幼儿关注朋友不同的脸型，尝试运用图形组合的方式表现

1. 我们的好朋友长得都一样吗？（不一样）哪里不一样呢？（引导幼儿关注脸型的不同，眼睛、鼻子、嘴巴大小的不同）

2. 我们的好朋友长得都不一样，今天我们就要来画画我们的朋友

这是圆——添加五官、头发，成了圆圆的脸。

圆拉拉宽（横）变椭圆啦——添加五官、头发，成了胖胖的脸。

圆再拉拉长（竖）——也是椭圆，添加五官、头发，成了瘦瘦的脸。

3. 你的朋友的脸是什么形状的？（引导幼儿说出不同的脸型，如方形脸、倒三角形脸等，并请幼儿亲自动手画一画）

4. 除了脸长得不一样，你还能把其他不一样的地方画出来吗？（幼儿自由尝试）

小结：原来好朋友的脸是各不相同的，有的是圆脸，有的是长脸，有的是宽脸，还有的是方脸。我们每个人的长相也都不一样，我们画出朋友不一样的脸，真有趣！

三、和朋友一起游戏——试着画出完整的作品

1. 今天天气真好，你想和好朋友出去玩吗？你想找你的朋友一起玩什么呢？（滑滑梯、捉迷藏……）

2. 和我们的好朋友一起做游戏吧，把我们快乐的游戏都画出来

人物要画得较大，特别是朋友的脸。

选择不同的图形画出自己和好朋友的脸，并添加不同特点的五官。

涂色：梳头——涂头发，洗脸——涂脸蛋，穿衣——涂衣服，穿鞋——涂鞋子

想一想你们会去哪里玩呢？（公园、广场、花园……）

3. 根据所画内容，说说你的好朋友长什么样？你和好朋友在做什么？

小结：和朋友在一起，做什么事情都开心，把我们的快乐画出来，更开心！

（资料来源：选自幼儿教育网）

（二）音乐活动中语言教育活动的渗透

苏霍姆林斯基说，“音乐是一种使人迷恋善良、美好人道主义的最美妙、最精细的手段”。幼儿喜欢音乐，他们在唱唱跳跳中受到熏陶，感受音乐的美，产生愉快的心情，使其形成活泼开朗的个性。而音乐与语言有着非常密切的关系，一首首优美、诙谐的乐趣，就像在讲述一个个动听、有趣的故事。让幼儿多听优美的音乐、歌曲，不仅能增强幼儿审美，还能使他们不断积累精练、优美、富有情感色彩的语言词汇。因此，音乐不仅能培养幼儿的音乐素质，而且能够促进幼儿语言发展。例如，《勤快人和懒惰人》是小朋友非常喜欢的一首歌，它诙谐幽默、朗朗上口。歌曲第一段描述了勤快人在厨房辛勤劳动的情景，第二段则描述了懒惰人在厨房睡觉的情景，这两段对比强烈而鲜明的歌词充分表现了勤快人和懒惰人不同的生活态度，歌词自然就有很好的学习价值。据此设计音乐活动“勤

快人和懒惰人”。

案例　　　**幼儿园音乐活动：勤快人和懒惰人**

活动目标

一、学唱歌曲，培养幼儿用不同的节奏、力度来演唱歌曲的能力，表现勤快人和懒惰人的形象

二、通过对歌曲的感受和体验，使幼儿产生热爱劳动、热爱生活的情感

活动过程

一、谈话：勤快人和懒惰人

1. 了解勤快的含义

教师：“今天我请来了一些勤快的人，你知道勤快是什么意思吗？”幼儿：“妈妈烧菜就是勤快，奶奶洗衣服就是勤快。”教师：“是呀，勤快就是勤劳的意思，爱劳动的人我们都叫他们勤快人。”

分析：用谈话的方式，开门见山地切入主题，使幼儿理解勤快人的意思，也同时对勤快人产生敬意。

2. 点击出勤快人，看看勤快人在厨房里干什么

教师用歌词来总结：“有些勤快人呀，正在厨房劳动。有的炒菜，有的煮饭，有的在蒸馒头。”

分析：观察PPT，说说勤快人在做什么，帮助幼儿理解歌词。采用歌词总结的形式帮助幼儿记忆歌词，同时引导幼儿有节奏地朗读“有的炒菜，有的煮饭，有的在蒸馒头”，为完整学唱歌曲做好铺垫。

3. 了解懒惰的含义

“看看厨房里还有谁？他在做什么？你觉得这个人怎么样？”（懒惰人）

分析：观察懒惰人，感受到懒惰人的消极态度，同时自然地让幼儿朗读歌词。

二、学唱歌曲，初步感受歌曲的诙谐

教师引导幼儿用多种形式学唱歌曲，同时根据幼儿的学唱难点进行重点指导。在每次学唱时提出不同要求，逐步加大难度，帮助幼儿学会歌曲。

三、学习用不同的速度来演唱歌曲，感受勤快人和懒惰人的工作态度

1. 教师引导幼儿用不同演唱速度表现不同的人物形象

教师：“勤快人做起事情来怎么样？我们在唱这一段的时候应该用怎样的速度来演唱？”幼儿：“勤快人热爱劳动，充满活力，所以唱的时候可以轻快一点。”教师：“懒惰人这一段可以怎么唱呢？”幼儿：“懒惰人懒懒散散，无精打采，所以唱得慢一点。”

2. 幼儿尝试用不同的演唱速度表现不同的人物形象

3. 分角色演唱歌曲

分析：分析勤快人和懒惰人不同的工作态度，从而引导孩子学会用不同的速度和力度来演唱两段歌曲。分角色表演唱时，当发现全部的幼儿都要当勤快人时，教师同意小朋友的选择，然后自己扮演懒惰人，共同完成歌曲的表演。这样的角色分工，充分体现出了以幼儿为主体的理念。

活动延伸

(1) 你喜欢勤快人还是懒惰人?

(2) 勤快人还在厨房里做什么事情?用自己创编的歌词演唱歌曲。

第二节　日常生活中的渗透性语言教育活动

幼儿园语言教育活动可以采用多种途径进行。可以说，凡是有语言参与的教育活动都可以用来对幼儿进行语言教育。概括起来，幼儿园语言教育活动的途径主要包括：日常生活、游戏活动、专门语言活动，此外还可以利用幼儿园其他领域的活动进行随机的语言渗透。

一、通过一日生活进行语言教育

首先，一日生活为幼儿提供了大量的语言交往机会，使其在不知不觉中积累语言素材；其次，幼儿在与成人交往的过程中为自身学习语言提供了范例，这些范例不断丰富幼儿的词汇，规范其语法；最后，成人在帮助幼儿建立生活常规的生活中，不断提高其理解语言和按指令行动的能力。因此，幼儿园的一日生活中存在大量的语言教育因素，在各个环节中教师都要为幼儿创设一个想说、敢说、喜欢说、有机会说并能得到积极应答的情境。

第一，利用晨间活动进行个别交流。幼儿每天入园往往持续很长时间，教师可以充分利用这段时间和幼儿进行个别交流，这是进行语言教育的良机。因为幼儿的语言认知能力与语言水平是各不相同的，有的孩子善于与人交谈，并且能清楚地表达自己的意思；有的孩子则不太擅长与别人谈话，说不清楚自己的想法；还有的孩子不喜欢与别人交谈，尤其在集体活动中比较胆小。教师在晨间活动时就可以根据不同情况，有针对性地与儿童进行个别交流，尤其是对胆小、不爱说话的孩子，可以利用这个机会创设语言交际的情境，鼓励他们大胆说话，只有通过多讲多练，才能使他们逐渐养成用语言表达自己思想的习惯，从而提高语言表达能力。

第二，在散步或远足时进行语言教育。午间时的幼儿园散步或户外远足，也是对幼儿进行语言教育的机会。教师可以启发幼儿讲述自己观察到的事物和现象，发展其口头语言表达能力。比如到了春天，可以引导幼儿观察春天的变化："小朋友们脱掉了厚厚的棉衣，换上了轻便的毛衣；小草发芽了，大树变绿了；河水开始融化了。"幼儿往往对这种在轻松愉快的氛围中所学到的词语记得牢，而且能运用自如。在散步时也可以随意和个别儿童进行交谈，谈他们自己看到的、听到的事，鼓励他们表达自己的情感，使幼儿的口头表达能力得到更快的发展。

第三，进行午休后的早期阅读活动。午休后不同的孩子起床的速度不同，在等待的这段时间内，可以组织幼儿进行早期的阅读活动。让孩子们到喜欢的图书角去看自己喜欢的书籍，不但可以扩大他们的眼界，增长有关大自然、社会生活的知识，而且还培养了孩子的优良品德，并能促使孩子们的观察、分析、想象及讲述能力的发展。在孩子看书时，教师可以引导和鼓励儿童互相谈论及讲述自己看到的内容，这样既可以发展自己的语言，又使他们更正确、深入地体会书中的内容。

第四，离园前的个别谈话。离园时可以引导幼儿谈一下“今天在幼儿园都发生了什么事”“我今天学了什么”“我今天有什么进步”等等，这个过程既可以让其总结一天的学习经验，也可以发展其语言表达能力。

总之，成人要抓住与儿童日常生活交往的每一个有利时机，为儿童提供良好的语言示范，并在交往过程中观察和了解儿童的语言发展状况，给儿童做有针对性的指导。

二、通过日常游戏进行语言教育

日常游戏是语言教育的另一种途径。在语言教育中渗入游戏因素，可以创设自由、轻松、愉悦的语言交往环境。语言教学活动游戏化不仅能更好地使语言教育灵活性得以展现，还可以更好地实现师幼之间的互动。

第一，游戏是促进幼儿语言能力发展的有效途径，语言能力的发展又会反过来促进幼儿游戏参与水平的提高。因此，教师可以采用游戏的方式进行语言教育，调动幼儿学习的积极性、主动性、创造性，使幼儿对各种事物、各种活动产生兴趣，引导幼儿在玩中学，在学中记。

第二，在丰富多彩的游戏活动中，有大量的语言教育机会。在角色游戏中，游戏主题的确定、游戏角色的分配、游戏情节的发展，以及整个游戏过程的进行都离不开语言的参与。在结构游戏中，幼儿共同协商建构主题，分配任务，用说出声的自言自语指导自己的建构过程，最后用语言完整、生动地描述自己的建构结果，所有这些都是为幼儿语言教育提供契机。在表演游戏中，幼儿通过表演再现出故事或童话中优美、生动的语言，提高了自己的语言表现力，学会使用语调的变化生动形象地、创造性地表达情感，体现对人对事的态度，这些也为幼儿语言能力的发展提供了较好的机会。

案例

语言游戏：送南瓜

儿歌：小篮子，手中拿。我给奶奶送南瓜，奶奶乐得笑哈哈。

玩法：教师请 3～5 位幼儿给奶奶送南瓜，请一位幼儿扮作老奶奶。小朋友手提篮子，边念儿歌边送篮子。交换位置后坐下，游戏继续进行。轮换几个幼儿后，教师说：“奶奶来了！”扮演奶奶的幼儿走上台。小朋友们说：“老奶奶，您好！这是您的南瓜。”并将篮子中的南瓜拿到奶奶的桌前。老奶奶说：“谢谢你。”然后，在篮子里再装进南瓜，再请 3～5 名幼儿上来，重新开始新一轮游戏。

案例

幼儿园中班语言活动教案：小花籽找快乐

活动目标

一、使幼儿理解并欣赏作品，会运用作品中的语言连贯完整地回答问题

学习句式：“快乐，快乐……喜欢我，所以我感到很快乐。”

二、使懂得为大家做好事，自己也会得到快乐的道理，培养幼儿大胆地与他人交往、交流的能力

三、发展幼儿思维的独创性与想象力

活动准备

一、把故事内容制成图片

二、影屏展示台、电视机

三、每人一个汉字小花籽头饰

四、字卡：太阳、小鸟、蜜蜂、青蛙（与幼儿人数相同）

活动过程

一、音乐“蝴蝶找花”（幼儿带着头饰）

二、教师出示小花籽：“今天老师要给大家讲一个有关小花籽的故事。”

三、分段讲述

1. 教师有感情地讲述故事的第一、二自然段，提问：“故事中的小花籽从妈妈的怀里蹦了出来，它要做什么？”（出示字卡“快乐”）“你们知道什么叫快乐吗？”（让幼儿根据自己的理解来解释）

2. 运用展示台，结合图片再次欣赏故事的第一、二自然段

教师提问：“小花籽在寻找快乐的路上遇到了谁？它们是怎么说的？”（要求幼儿用作品中的语言连贯地回答，拿着字卡分别学说角色的对话）

3. 讨论：“太阳、小鸟、蜜蜂、青蛙为什么感到快乐？”（在讨论中让幼儿懂得，因为它们为大家做好事，大家喜欢它们，所以它们感到快乐）

欣赏故事的后半部分，提问：“小花籽看到大家都找到快乐，它也要去寻找自己的快乐。谁能帮小花籽想办法，让它也感到快乐呢？”（启发幼儿发挥想象、自由地讲出自己的想法）

帮助幼儿理解作品的后半部分。

(1) 小花籽最后找到快乐了吗？它是怎样做的？

(2) 都有谁帮助了小花籽？它们飘过哪些地方？（出示字卡：大河、草原、雪山，幼儿回答后，找到相应字卡）

(3) 小花籽最后在哪儿留下来了？为什么？（结合字卡进行）

(4) 教师小结：小花籽知道只有为大家做好事，大家才会喜欢它，自己才会得到快乐。

4. 结合图片，完整地欣赏故事，请幼儿谈谈让自己感到快乐的事，加深对快乐含义的理解。

5. 学习句式：“快乐，快乐……喜欢我，所以我很快乐。”如“小花籽”说：“××，你快乐吗？”××答：“快乐，快乐……喜欢我，所以我很快乐。”

6. 教师讲评，请每个小朋友戴上头饰扮演小花籽，去询问幼儿园的其他工作人员是否快乐，鼓励幼儿大方地与他人交往。

四、各领域渗透

1. 科学：给每位幼儿准备一些花籽进行种植，观察花籽的成长过程

2. 社会：培养幼儿助人为乐的精神

3. 艺术：学习表达愉快高兴等情感旋律

五、在生活中渗透

培养幼儿在日常生活要保持愉快心境的能力。

六、在环境中渗透

把故事中的图片、汉字放置语言区，供幼儿学习，让幼儿进一步理解快乐的含义。

七、在家庭中渗透

家长要保持家庭氛围的愉快、和谐，为孩子营造一个可以健康成长的精神环境。

（资料来源：选自屈老师幼儿园教案网）

第七章

幼儿语言教育评价

内容提要

幼儿语言教育活动的成长和发展需要评价行为，并由评价行为推动其处于良性的循环状态中。幼儿语言教育评价的主体是多元的，评价内容较多，且评价方法种类也繁多。幼儿教育工作者可从中选择适宜的评价方法开展评价。

学习目标

1. 掌握幼儿语言教育评价的基本概念及评价原则
2. 掌握幼儿语言教育评价的功能、内容及方法
3. 掌握幼儿语言教育评价的实际操作技术

选择一名1.5～2岁的孩子，让其在自然状态下（自己玩耍或摆弄娃娃家玩具）。其间，观察者与父母或教师谈话15分钟，用录音或录像机记录下所有的语言。要求观察者在2个月之后再进行一次观察，比较分析前后2次幼儿语言的学习情况。

我国的幼儿语言教育评价，强调把语言作为一个整体来进行评价，包括从幼儿语言发展的状况评价教育效果，以及通过对语言进行整体的各个部分及其相互关系的分析和判断来评价教育教学过程的实际运行状况。可见，语言教育的评价，不仅是对幼儿语言发展水平的评价，还要对语言教育本身做出价值判断，对教师的教和幼儿的学这两个过程与结果做出评价。

《幼儿园教育指导纲要（试行）》第四部分“教育评价”包括以下内容：

1. 教育评价是幼儿园教育工作的重要组成部分，是了解教育的适宜性、有效性，调整和改进工作，促进每一个幼儿发展，提高教育质量的必要手段。

2. 管理人员、教师、幼儿及其家长均是幼儿园教育评价工作的参与者。评价过程是各方共同参与、相互支持与合作的过程。

3. 评价的过程，是教师运用专业知识审视教育实践，发现、分析、研究、解决问题的过程，也是其自我成长的重要途径。

4. 幼儿园教育工作评价实行以教师自评为主，园长以及有关管理人员、其他教

师和家长等参与评价的制度。

5. 评价应自然地伴随着整个教育过程进行。综合采用观察、谈话、作品分析等多种方法。

6. 幼儿的行为表现和发展变化具有重要的评价意义，教师应视之为重要的评价信息和改进工作的依据。

7. 教育工作评价宜重点考察以下方面：

(1) 教育计划和教育活动的目标是否建立在了解本班幼儿现状的基础上。

(2) 教育的内容、方式、策略、环境条件是否能调动幼儿学习的积极性。

(3) 教育过程是否能为幼儿提供有益的学习经验，并符合其发展需要。

(4) 教育内容、要求是否兼顾群体需要和个体差异，使每个幼儿都能得到发展，都有成功感。

(5) 教师的指导是否有利于幼儿主动、有效地学习。

8. 对幼儿发展状况的评估，要注意：

(1) 明确评价的目的是了解幼儿的发展需要，以便提供更加适宜的帮助和指导。

(2) 全面了解幼儿的发展状况，防止片面性，尤其要避免只看重知识和技能，忽略情感、社会性和实际能力的倾向。

(3) 在日常活动与教育教学过程中采用自然的方法进行。平时观察所获的具有典型意义的幼儿行为表现和所积累的各种作品等，是评价的重要依据。

(4) 承认和关注幼儿的个体差异，避免用划一的标准评价不同的幼儿，在幼儿面前慎用横向的比较。

(5) 以发展的眼光看待幼儿，既要了解现有水平，更要关注其发展的速度、特点和倾向等。

教育评价就是衡量教育工作的价值。幼儿语言教育活动评价，是收集幼儿语言教育活动的设计、组织和实施过程中各方面的信息，依据一定的客观标准对教育活动及其效果做出客观的衡量和科学判定的过程。幼儿语言教育活动评价是语言教育实施过程中的一个不可缺少的环节，其主要目的在于建立一种积极反馈信息的途径，从而形成有效地调节和改善幼儿语言教育过程的机制。

幼儿语言教育评价是幼儿教育工作的重要组成部分。对幼儿语言教育的评价，不仅包括对幼儿语言发展状况的评价，而且包括对幼儿语言教育的目标、内容、过程、方法、效果等做出的判断。

由此，本章将通过幼儿语言教育评价的原则、内容、方法几个方面来解析幼儿语言教育评价工作。

第一节　幼儿语言教育活动评价的原则

幼儿语言教育活动的设计与组织，总是不断指向教育目标，又是依据此目标展开活动的。因此，对活动的实施是否达到了预期的目标，在多大程度上实现了预期目标，活动的设计与组织是否合适，哪些地方开展得较好、哪些地方开展得失败，下一个衔接活动如何展开等问题，都需要进行判断，即对教育活动做出评价。因此，语言教育活动的评价就是收集教育活动系统各方面的信息，并根据一定的客观标准对教育活动及其效果做出客观的衡量和科学的判断过程。语言教育活动的评价是语言教育活动过程的一个不可缺少的环节，它调控着整个教育活动过程，使之朝着预定的活动目标前进并最终达到该目标，但所有的评价活动均须遵循一些必要的原则。

幼儿语言教育活动的评价是一种比较微观、比较真实的评价，与教师联系更密切，对教师影响更直接。因此，幼儿园教师应当直接参与幼儿语言教育活动的评价。这样，教师可以及时了解活动设计和组织实施过程中的不足，讨论改进的办法，不断提高语言教育活动设计和组织实施的能力，又可以保证评价的深入性和全面性，避免评价过程中评价者和被评价者之间产生对立的现象。

一、客观公正原则

客观公正原则是指实施语言教育评价时必须采取客观公正的、实事求是的态度，避免主观臆断或掺杂个人的情感色彩，不能妄加评论或指责。

具体是指幼儿语言教育评价活动要根据客观公正的评价方法和手段，及由教育目标而确定的评价标准来实施评价，不能随意更改；幼儿语言教育评价活动中制定的标准应适合于每一个评价对象，而不是仅仅适用于某个幼儿或某些幼儿；在实施评价的过程中，要以客观公正的态度对待每一个评价对象，而不是以个人的好恶影响评价结果。

二、连续全面性原则

连续全面性原则是指连续不断地对语言教育活动的各个组成部分和各个构成要素进行全面评价，以符合教育实践不断运动、全面性的发展特点及可持续性和动态发展的要求。

在本原则中，具体要完整把握的点主要有以下几个方面：

第一，在评价时要注意对幼儿语言发展状况的考察，在已有水平的基础上，结合实际，进行评价，这是全面开展评价活动的基础；

第二，在幼儿语言发展水平和发展需求的基础上，对教师开展的语言教育活动所设置的目标、内容、方法进行适宜性评价；

第三，对为实施该活动所利用的教具及其范围开展评价；

第四，评价要涉及师幼间的互动情况，这是评价活动的重点；

第五，在评价活动中，从纵向维度上，应全面考虑静态和动态活动的结构和要素分布。

三、诊断有针对性原则

诊断有针对性原则是指评价幼儿语言教育活动要按照实际情况开展，并具体问题具体分析，体现普遍性与特殊性相结合的原则，同时依据有效数据或实际状况做好分析，为因材施教做好铺垫。

因此，在幼儿语言教育评价活动中，根据诊断有针对性原则的要求，要对以下三个方面进行重点把握：

第一，评价时，对教育目标的达成既要有量的显示，又要有质的评定；

第二，评价时，要考虑语言活动的开展与实施状况是否达到目标的数量和程度；

第三，评价完毕后，要寻找与分析原因，并作为反思的依据，有针对性地开展下一次的语言活动。

四、参照性原则

参照性原则是指制定的语言教育评价标准要有一定的依据。

这些依据的标准有：

国家有关法规性质的文件。如《幼儿园工作规程》、《幼儿园教育指导纲要（试行）》和《3—6 岁儿童学习与发展指南》等，这是语言教育评级的根本依据。

幼儿语言发展的基本规律。如约半岁时，发出音组 ma-ma、ba-ba、da-da、na-na 等，这时幼儿用不同的声音表达不同的情绪。

幼儿语言教育的目标。《纲要》中明确表示幼儿语言教育目标有：（1）乐意与人交谈，讲话礼貌；（2）注意倾听对方讲话，能理解日常用语；（3）能清楚地说出自己想说的事；（4）喜欢听故事、看图书；（5）能听懂和会说普通话。

五、实效性原则

实效性原则是指评价教育活动方案的设计、实施操作的可行性及其教育目的所达到的程度或结果，即活动的实施达到目标所设定的结果的程度。该原则的优点是能真实地反映教育状况和效果。

在实效性原则中要重点评价的是：

第一，评价通过语言教育活动的开展，反映幼儿在倾听、表达、阅读、交流中所表现出来的语音、语汇、句子、讲述、理解、语法和阅读等方面的提高情况；

第二，评价通过幼儿语言教育活动的开展，反映幼儿在语言学习和运用语言进行交流时的态度、行为习惯等方面的进步情况。

六、正确的价值取向原则

正确的价值取向原则是指评价时要发挥评价的正向鉴定功能、诊断功能、改进功能、激励功能和导向功能。

在幼儿语言教育评价活动中，要确定目标的制定是否适宜，材料的准备是否恰当、完整，内容的选择是否与幼儿的需求和发展相适宜，活动实施过程中师幼互动的频次是否适量，活动的延续性与其他活动的衔接性是否有关系，等等，这是正确的价值取向原则应把握的内容。

第二节 幼儿语言教育活动评价的内容

幼儿语言教育活动评价涉及许多方面，但概括起来主要是四个方面：一是对幼儿的评价，二是对活动本身的评价，三是对幼儿语言学习行为的评价，四是对语言教育活动中教师的设计和组织实施行为的评价。

一、对幼儿的评价

教育活动评价是以幼儿身上出现的变化或幼儿在活动中的表现为着眼点。具体来说，可以分为两个角度：一是从幼儿学习效果的角度，对目标达成情况进行分析和评价，称为静态的评价；二是从幼儿在活动中的表现对幼儿的参与活动程度进行分析和评价，称为动态的评价。

（一）对目标达成情况的评价

在对语言教育活动目标达成情况进行分析和评价时，要有整体观念。关于语言教育活动的目标，可以从三个层面来认识：第一层是指《纲要》提出的语言教育目标，这一层的目标对幼儿在语言教育这个领域的发展做了全面的规定；第二层是指幼儿园语言教育各种活动类型的目标，这一层对幼儿的语言发展的某一方面做了规定；第三层是指幼儿语言教育具体活动的目标，这一层的目标对幼儿在每一次活动之后应产生的变化提出了要求。这三个层面的目标在语言教育目标系统中相互联系、相互渗透。在对活动目标的达成情况进行分析时，一般涉及三个方面：

（1）分析认知目标的达成情况，即了解幼儿是否获得了目标所规定的语言知识，是否掌握了有关的词汇和句型，是否懂得在恰当的语言环境下运用这些词汇和句型。

（2）分析情感目标的达成情况，即了解幼儿是否形成了耐心倾听别人说话的态度，是否乐意在集体面前讲述自己经历的事和图片内容，是否懂得并遵守语言交往中的一般规则。

（3）分析能力目标的达成情况，即了解幼儿组词造句的能力和在具体语境中运用语言的能力，是否能根据活动中的语言情境来运用有关的词汇、语法和语调，是否能用连贯的语句说清楚自己所要表达的意思。

在对以上三个方面进行分析的同时，还要对达成程度做出判断，一般分为完全达到目标、基本达到目标、未达到目标。经过这样两个维度的分析，就会对幼儿经过教育活动后的产生的变化有所了解。

（二）对幼儿参与活动程度的评价

幼儿评价的另一个方面，是对幼儿参与活动程度的分析与评价，这是一种动态的评价。通过对幼儿在活动中的表现，可以了解活动设计和活动组织的情况，也可以了解幼儿语言发展的状况。因此，重视观察幼儿在活动中的表现是关键。关于幼儿参与活动的程度，可以分为三个等级：理想的等级是主动积极地参与，处于中间的是一般参与，最不理想的是未参与。

主动积极是幼儿参与教育活动的最佳状态。在这种状态下，幼儿有着强烈的学习动机，有着浓厚的学习兴趣。从外在表现看，幼儿的注意力集中，对教师的指导用语和同伴的发言都能专心倾听。当教师提问时，幼儿纷纷举手发言，乐意在集体面前表述自己的观点或叙述一件事情。当分组活动时，幼儿的情绪非常高涨，活动气氛异常活跃。如果某一个教育活动在组织过程中能吸引幼儿主动积极地参与，就说明该活动从目标的制定到内容的选择都是恰当的，与幼儿的语言发展状况有着高度的适应性。当然，也可以说明幼儿的发展状况是良好的。

一般参与是幼儿参与活动程度的中间状态。在这种状态下，幼儿仍然进行着学习活动，但基本上属于被动学习。在教师的不断提醒下，能够集中一定的注意力倾听教师的话语和同伴的发言。当老师提出问题时，并不积极主动地举手发言，但是当老师点到名字时，也能站起来回答老师的问题，并且能够在集体面前表述自己的观点。在一般参与的状态下，通过教师的精心组织，基本上可以达到教育活动的目标，也能够完成教育任务。但是，这种状态的出现说明活动目标的制定和活动内容的选择与幼儿语言发展的状况还缺乏高度的适合性，还需要加以改进。

未参与是幼儿参与活动程度的最不理想状态。在这种状态下，幼儿对正在进行中的活动毫无兴趣，当教师发出指令或是同伴发言时，他们不能集中注意力倾听，或是东张西望，或是与同伴打闹嬉戏，又或是昏昏欲睡。这种状态的出现，说明教师事先在设计活动方案时，从活动目标的制定到活动内容的选择都是不恰当的，需要舍弃并重新设计。

二、对活动本身的评价

对活动本身的评价可以说是对教师教学工作和教学效果的评价。虽然对幼儿的评价能在一定程度上反映教师教学的质量，但是教学质量并不能在对幼儿的评价中得到全部的体现。因此，为了科学地、准确地评价教育活动的效果（包括教师教学的效果和幼儿学习的效果），除了要对幼儿进行评价以外，还要对教师的教学活动本身进行评价。这个内容的评价主要涉及教育目标、教育内容、教育方法、教育组织形式、教学环境材料的利用、教师与幼儿之间的互动等方面的评价。

（一）目标的评价

在评价教育活动的目标时，主要分析这一活动目标的提出是否以幼儿语言教育的目标和各个活动类型的目标为依据；是否从本班幼儿的实际情况出发，提出恰当的教育要求；在目标中是否包含了认知、情感、能力等三个方面的内容；整个活动的设计与组织是否围绕教育目标而进行。

（二）内容的评价

在评价教育活动的内容时，主要分析内容的选择与目标的要求是否相一致，活动内容是否符合科学性和思想性，内容的分量是否适当，有无过多或过少的情况，内容的组织是否分清了主次、突出了重点，是否抓住了关键内容，内容的布局是否合理，各要点之间的衔接是否自然流畅，与幼儿的发展状况是否合适。

（三）方法的评价

在评价教育活动的方法时，主要分析方法的运用是否刻板划一，方法的选择与运用是否随着活动目标、活动内容及幼儿实际而变化，各种具体活动的方法与幼儿学习方式的适应情况如何，有没有采用有效的方式保障幼儿积极参与教育活动，等等。

（四）组织形式的评价

在评价教育活动的组织形式时，主要分析在活动展开过程中，是否适当地进行了集体活动、分组活动、个别活动的组合与变换，是否只是局限于采用一种特定的活动形式，在活动的组织过程中，有没有考虑到因材施教的问题，在分组时，是否考虑到人际关系以及幼儿的情感因素。

（五）环境材料的评价

在语言教育活动中，常常要创设和利用一些有助于幼儿学习的环境、材料、教具和学具。在对其进行评价时，主要分析是否创设或选择了适合于活动内容和幼儿实际的环境材料，利用这些环境材料是否适合于教育活动的展开，选择的材料、学具等是否适合于幼儿的操作，教具和学具能否做出若干组合，是否最大限度地利用了环境、材料、教具和学具所具有的功能。

（六）师幼互动评价

教师与幼儿之间的互动情况，对教育活动的效果有直接的影响。在评价教师与幼儿的互动关系时，主要分析是否正确发挥了教师的主导作用，是否创造条件使幼儿成为活动的主体，教师与幼儿在活动过程中的交往是否和谐融洽，是否积极主动地相互交往，幼儿的注意力、兴趣、情绪、意志、性格等非智力因素是否得到了充分的激发。

三、对幼儿语言学习行为的评价

对幼儿语言学习行为的评价主要从四个方面来开展：

（一）幼儿参与活动的积极性

对幼儿参与活动积极性的评价主要用于考察幼儿对活动的情感投入程度，可以从幼儿参与活动的兴趣和注意力情况进行分析。

（二）幼儿在活动中完成语言学习任务的情况

这些任务是由具体活动目标直接转化而来的，可以从三个方面进行分析：其一，了解幼儿是否获得了目标所规定的语言知识，是否掌握了有关的词汇和句型，是否懂得在什么样的语言环境下运用这些词汇和句型；其二，了解幼儿是否形成了耐心倾听别人说话的态度，是否乐意在集体面前讲述图片内容或自己经历的事，是否懂得并遵守语言交往中的一般规则；其三，了解幼儿组词成句的能力和在具体情境中运用语言的能力，是否能根据活动中的语言情境来运用有关的词汇、语法和语调，是否能用连贯的语句说清楚自己想要表达的意思。幼儿在活动中完成语言学习任务的情况可分为“圆满完成”“基本完成”和“尚未完成”三个评价等级。

（三）幼儿在活动中表现出来的独立见解情况

用于考察幼儿对活动目标要求的理解程度以及自己独有的生活、学习经验与该活动中语言学习任务之间相互作用情况等。需要列出某一幼儿与其他幼儿不一样的具体语言行为表现。

（四）幼儿在活动中创造性地运用语言的表现

主要分析幼儿对语言结构的创造性运用，以及在操作、想象等方面的创造性表现。需要具体列出幼儿的行为表现内容，如“使用了‘因为……所以……’这个句型”等。这四个方面相互区别，又相互联系，共同构成了评价幼儿在语言教育活动中语言学习行为的主要内容。这些内容是根据幼儿语言教育活动目标和语言发展目标构成的，它们反映了影响幼儿在语言教育活动中语言学习效果各个方面的因素。教师行为评价是对教师设计和组织某一具体教育活动效果的直接评价。虽然对幼儿在活动中的语言学习行为的评价能在一定程度上反映教师设计和组织教育活动的质量，但每一个教育活动的质量并不能得到全部的体现。因此，为了科学、准确地评价每一教育活动的效果，除了评价幼儿在活动中的语言学习行为外，还要对教师在语言教育活动中的行为进行评价，主要包括为教师提供分析，判断教育活动设计和组织的思路，以便他们能更好地认识自己的活动设计和组织的状况，在不断深入理解和把握各种类型语言教育活动设计、组织要求的基础上，提高他们的自我调节能力。

四、对语言教育活动中教师的设计和组织实施行为的评价

对语言教育活动中教育的设计和组织实施行为的评价主要从以下四个方面展开：

（一）目标的达成程度

语言教育活动旨在有目的、有计划地为幼儿提供语言学习机会，具有明确的教育目标。各种类型的语言教育活动承载着不同的语言教育目标，对促进幼儿语言发展起着循序渐进地向完整语言方向发展的重要作用。

（二）活动内容和形式的适合程度

在评价教育活动的内容时，主要分析教师对教育活动内容的选择与目标要求是否一致，活动内容是否符合科学性和思想性，内容的分量是否适当，有无过多或过少的情况，内容的安排是否分清主次或突出重点、难点，是否抓住了关键内容，内容的布局是否合理，各要点之间的衔接是否自然流畅，活动内容与幼儿原有的语言、认知和社会经验是否相对应等多个方面。

（三）活动内部要素的协调程度

语言教育活动是教师、幼儿、语言环境、活动材料等各个要素之间相互作用的过程，所以在评价语言教育活动内部各要素的协调程度时，需要从幼儿与语言环境之间的互动情况、活动材料的利用情况、教师与幼儿之间的互动情况等三个方面进行分析。

（四）效果分析

在考察上述几个方面的基础上，评价者还需要进一步对本次语言教育活动的效果进行总体评价，包括对活动的总体印象进行简单的描述，总结和分析活动设计和组织中的得与

失及其原因所在，特别是分析教师设计和组织活动中存在的不足之处，并就其中的不足提出改进的建议，为教师以后的活动设计和组织提供参考。

第三节　幼儿语言教育活动评价的方法

一、总体评价的方法

以下根据幼儿语言教育活动的特点以及可操作性，介绍三种常见且简便易行的评价方法。

（一）自由叙述法

自由叙述法是将对教育活动意见、判断、感想等自由地写下来，通过文字叙述对教育活动加以评价的方法。这种方法最大的特点是不做定量分析，不需要专门的测量工具和复杂的评价程序。

自由叙述法有利于综合地反映活动过程中的情况，既可以对静态的因素，如目标、内容、方法、材料、环境等加以评价，又可以对动态的因素，如幼儿在活动中的行为表现加以描述。不过，为了清楚地用文字表述对某一活动的评价，在叙述时应该进行分类。叙述中的分类可以有多种维度，可以按照活动的要素将叙述的内容分为对目标的评价、对内容的评价、对方法的评价、对师幼关系的评价、对活动气氛的评价等，也可以按照优缺点分成两大类；还可以分为对幼儿的评价、对教师的评价。

（二）观察评价法

在幼儿语言教育活动的评价中，观察是一种有效的评价方法。通过观察可以获取大量的评价信息，可以及时了解教育活动运行的状况。如评价者是教师本人，就可以通过观察得来的反馈信息，随时调整活动的内容、方法和组织形式，从而达到评价结果为教育服务的目的。观察评价法主要是通过对幼儿行为表现的观察了解，来对整个教育活动的效果进行分析，包括评析活动目标的达成情况、活动内容和方法与幼儿的适合程度，以及了解幼儿参加活动之后在语言方面产生的变化。观察是一种行之有效又容易掌握的评价方法，在实践中深受广大幼儿和教师的欢迎。

观察评价法的具体运用可以有很多途径。最常见的是在自然情境下的观察，即在日常教育活动中，进行密集性的、连续性的观察。有时，教师也可以借助于提问，对回答问题的幼儿的语言表述情况进行观察。在分组活动和个别活动中，教师可以通过巡视来观察幼儿的语言表述情况。也可以与幼儿个别交谈，借此来了解幼儿的语言情况。稍微复杂一点的是按照教育活动的目标和内容，创设某种语言情境，让幼儿在这种语言情境中进行语言交流，教师从中观察幼儿是否了解和掌握了有关的语言知识和语言技能。

（三）综合等级评定法

为了在评价中获得对语言教育活动的总体印象，我们还可以选用综合评定法。这种方法对活动的各种因素、各种状况进行分析和评价，从而能够得到综合的评价信息。

综合评价法从纵向和横向两个维度确定评价指标。纵向包括构成语言教育活动的各种因素，主要有目标、内容、形式、幼儿参与活动程度、材料利用情况、师生关系。横向包括教育活动各种因素在运行过程中的状态及等级。根据这两个维度制成综合评定表（见表7－1），教师在活动评价中使用时，只要在相应的位置上打“√”即可，操作很方便。

表7－1 综合评定表

目标达成分析			完全达到	基本达到	未达到
	目标	目标1			
		目标2			
		目标3			
适合程度分析			完全适合	基本适合	不适合
	内容				
	形式				
活动因素分析			主动参与	一般参与	未参与
	参与程度				
			充分利用	一般利用	未利用
	材料利用				
			积极互动	一般配合	消极被动
	师生关系				

由于综合评价法采用两个维度、多种指标，因此，只要使用此方法，就可获取多重评价信息。

二、幼儿语言发展评价的方法

常用的幼儿语言发展评价的方法有以下五种：

（一）自然观察法

自然观察法是指在日常生活状态下，有目的、有计划地对幼儿的语言发展进行直接的观察、记录，从而获取幼儿语言发展信息的方法。自然观察法的特点是，不对幼儿的语言发展进行人为干预和控制，教师与幼儿都处于自然状态下，因此能观察到幼儿在日常生活中最真实、最典型、最一般的语言发展情况。

观察幼儿的语言发展，可以有多种目标。目标不同，观察的角度不同。归纳起来幼儿的语言发展有以下三种观察角度：一是语言发展跟踪观察，二是语言发展的选择观察，三是语言发展的检测观察（这是一种非自然状态中的语言检测）。以下重点介绍前两种。

首先，语言发展的追踪观察，是一种纵向角度的观察。这种观察以某一个或某些孩子的语言现象为观察对象，坚持较长的时期，在追踪观察对象的语言发展线索中，了解他们语言发展的活动过程，以求把握一个完整的幼儿语言学习系统的印象。

语言发展的追踪观察有一定的适用范围。首先，有志于研究幼儿语言习得过程的人可以采用这样的观察角度，通过较长时间的跟踪观察记录，获得有关幼儿语言形成发展的知识。其次，运用追踪观察可以帮助家长和幼儿园教师了解幼儿的语言发展情况，得出幼儿语言发展是否正常的结论。这样可以及早地发现和干预，帮助幼儿获得正常的语言。

在采用追踪观察法时应遵循以下要求：

1. 设计统一的表格和记录形式

设计统一的表格是为了较长时间的跟踪，保证跟踪观察时的参与因素基本一致（见表7-2）。

表7-2　　语言跟踪观察例表

<table>
<tr><td colspan="2">观察对象________　　出生年月____________　　性别________
参与交谈者________　　与观察对象关系________　　性别________
观察地点________　　观察时间____________　　观察者________</td></tr>
<tr><td>观察对象言语记录（伴随动作）</td><td>参与交流者言语记录（伴随动作）</td></tr>
<tr><td></td><td></td></tr>
</table>

2. 控制追踪观察中参与谈话者因素

在追踪观察时，要求与观察对象交谈的参与者（家长或教师），不要过多地刺激幼儿说话。参与谈话者可以跟孩子玩，回答孩子的问题，根据孩子提的要求做某些动作，附和孩子的某些话，讨论孩子提的某件事，但不要问太多诸如“这是什么?”“那又会怎样?”之类的问题，以免干扰幼儿的自然语言。如果参与谈话者是同龄孩子，则不做任何规定。

3. 选择恰当的观察时间

观察幼儿语言，每次最好不要超过半小时。年龄小的幼儿时间可更短些。要选择幼儿身体健康、心境正常的时候观察。

4. 及时做好记录转换工作

教师在观察记录幼儿谈话时，首先，要对他们说话时的游戏动作或令他们转移注意力和话题的事加以简单记录，同时用括号记下与其伴随的动作即可。

其次，是对幼儿语言发展的选择观察。选择观察是就幼儿语言发展中某一个内容进行着重观察。不同于追踪观察的是，选择观察的关注点在语言发展的横断面，通过对某种语言现状的观察，获得对语言发展过程中的这种现象的认识。比如，教师在教育中发现个别幼儿的“zh”“ch”“sh”发音不准确。通过观察，发现这三个声母是3岁幼儿发音的难点，因而创设出相应的“捉老鼠”和“小动物吃什么”等游戏活动，在游戏中训练孩子的发音，帮助幼儿习得这些语音。

语言发展的选择观察与追踪观察有相仿之处，但选择观察的重点是某种语言现象，因此较多地注意语言现象出现与语言环境的关系，关注某一语言现象在同龄幼儿中是否具有普遍性的问题，所以，选择观察中，观察者的面要更广一些，观察对象要多一些（见表7-3）。

表 7-3　　语言发展的选择观察：幼儿在游戏情景中的语言现象

观察对象（1） 性别 出生年月	观察对象（2） 性别 出生年月	观察对象（3） 性别 出生年月	
对象（1）交谈内容：	对象（2）交谈内容：	对象（3）交谈内容：	备注（游戏动作）：
语言现象分析 1. 2. 3. 4. 5.	语言现象分析 1. 2. 3. 4. 5.	语言现象分析 1. 2. 3. 4. 5.	语言环境综合描述
思考要点与分析结论			

总之，在运用自然观察法时应注意以下问题：

第一，要创造自然的观察环境和氛围。评价者不应对幼儿的语言进行干预、限制或评价。此外，还要避免幼儿注意或察觉到评价者的观察意图，以防幼儿出现紧张及其他非自然的语言，确保观察结果的真实性。

第二，要有明确的观察目的。评价者应始终明确每次观察的任务和目的是要选择与观察目的有关的语言和重要情节进行记录。

第三，要做好观察记录，准确记录反映幼儿语言发展状况的事实及发生的条件、环境，以便对幼儿的语言发展状况做出正确判断。

第四，要对幼儿的语言情况进行多次观察。幼儿语言易受环境和主客观因素的影响，从而在不同时间、不同条件下表现出不同特点。如果以一次观察得到的信息作为依据，对幼儿的语言发展进行判断，将会影响评价结果的客观性、科学性。所以，在运用自然观察法对幼儿语言发展进行评价时，一定要注意进行多次观察。

（二）情景观察法

情景观察法是在教育的实际情景下，按照研究目的控制和改变某些条件，将儿童置于与现实生活场景类似的情景中，由评价者观察在该特定情景中幼儿的语言情况。例如，教师可以利用拼图讲述、阅读等活动情景，观察到幼儿在情景中的语言表达能力。

情景观察法有三个突出的特点：一是可以在一次活动中集中地获取大量信息；二是既可以控制和改变某些条件，保证观察的效果，又可保持情景的自然和真实，易于观察到幼儿的自然表现；三是方法比较简单，完全可以和幼儿园各个领域的教育活动结合起来使用。

运用情景观察法收集幼儿语言发展评价信息时应注意以下问题：

第一，要围绕观察目的设计情景，所创设的情景要能引发幼儿表现出评价者欲观察到的情况。

第二，设计观察情景应尽量与幼儿的日常生活情景相似，应该是幼儿感兴趣的活动，并且能够使幼儿积极参与并产生真实感，以免使幼儿产生受骗的感觉。

第三，情景观察应与日常观察相结合。幼儿在某一特定情景中的语言情况，不一定代表其在日常生活中的所有情况，所以不能以一次情景观察得到的材料对幼儿进行评价，经过多次情景观察并与日常生活中的自然观察相结合，才能使教师对幼儿的语言发展评价有比较充分的事实依据。

（三）谈话法

谈话法是通过与幼儿面对面的交谈来收集语言发展评价信息的方法。运用此方法需要教师对谈话内容进行记录，然后对谈话记录进行分析。谈话法的明显优势是可以弥补自然观察法和情景观察法的不足，能比较快捷地了解幼儿语言发展中的问题，丰富已有的资料。

使用谈话法收集语言发展评价信息时应注意以下问题：

第一，要有明确的谈话目的。

第二，谈话内容应在幼儿生活范围内并使能够幼儿理解，与幼儿谈话时要使用幼儿听得懂的语言，提问尽可能简单。

第三，谈话要在自然状态下进行。教师最好在游戏时间与幼儿边游戏边进行交谈，以免幼儿出现紧张情绪，影响谈话结构的真实性。

第四，教师与幼儿谈话时要创造轻松、亲切的气氛，谈话口吻要温和、自然。当幼儿在谈话过程中出现对提问不理解、不做回答或回答错误等情况时，教师要耐心启发或等待，切忌斥责、批评幼儿或表现出急躁情绪，以免谈话中断，或得不到所需要的事实材料。

（四）问卷调查法

问卷调查法是由评价者根据评价目的，向被调查对象发放问卷调查表，广泛搜集幼儿语言发展信息的一种方法。在幼儿语言发展评价中使用问卷调查法的目的主要是向家长了解幼儿在家庭环境中的语言发展情况。

问卷调查法的优点是可以在短时间内获得大量的评价信息，但有时通过这种方法得到的信息可能会不够准确和真实。造成这种现象的原因有许多，但主要可能是以下两点：一是家长未真正理解幼儿语言发展评价的意义和调查的意图，顾虑较多，担心反映真实情况会引起教师对幼儿的偏见；二是调查题目和表达方式的设计可能存在一定的缺陷，影响家长对问题的理解。

因此，使用问卷调查法时应注意以下三个问题：

第一，要让家长了解问卷调查的意图，使其建立对教师的信任感，消除顾虑。

第二，问卷的语言应明确、易懂，便于家长正确地理解问题的内容。

第三，问卷设计应涵盖所需了解的全部内容，但回答方式应尽量简单，在不增加家长过多负担的情况下得到较为丰富的信息。同时，简便的回答方式还有助于得到明确的回答，有利于日后进行统计分析。

因此，掌握问卷设计的技能至关重要，只有编制出易于家长理解和接受的调查表，问卷调查才可能收到实效。

（五）现场实录法

现场实录法是利用现代化的录音、录像设备，现场实际拍摄记录幼儿语言发展评价信息的一种方法。这种方法的最大优点是：首先，搜集的信息真实，拍摄记录的幼儿语言以及伴随的动作直观可靠；其次，这种方法记录的信息可以多次再现，便于教师反复观察和研究；最后，现场实录法如果配合自然观察、情境观察等方法使用，可以弥补这些方法的不足，使观察记录的评价信息更加丰富和全面。

使用现场实录法时应注意两个问题：

第一，在使用录音、录像设备进行观察记录前，最好先让观察对象与观察者玩一会儿，就像体育运动员需要进行热身活动一样，给观察对象和观察者一点“热身”的时间，相互适应，然后当他们进入正常状态时，才可以开始录音、录像。

第二，妥善保存观察记录资料，同时，对录音、录像文件进行整理。整理的录音带、录像带要标出记录的时间、对象、年龄、环境、内容等，以便归类存档和检索，也可用计算机对录音、录像资料进行拷贝存档。

参考文献

1. 周兢. 幼儿园语言文学教育活动. 北京：中国广播电视出版社，1992.

2. 周兢. 学前儿童语言教育. 南京：南京师范大学出版社，2001.

3. 周兢. 幼儿园课程指导丛书——语言. 南京：南京师范大学出版社，1999.

4. 周兢，陈娟娟. 幼儿园活动整合课程指导. 南京：南京师范大学出版社，2002.

5. 郭荣学，肖玉，章洪. 湖南省1—6岁幼儿语言发展的基本情况与规律. 学前教育研究，2011（11）.

6. 张明红. 学前儿童语言教育. 上海：华东师范大学出版社，2001.

7. 于涌. 幼儿语言发展与教育. 长春：东北师范大学出版社，1995.

8. 祝士媛. 学前儿童语言教育. 北京：北京师范大学出版社，1995.

9. 周兢. 中国幼儿园语言教学研究的新进展. 学前教育研究，1997（4）.

10. 张加蓉，卢伟. 学前儿童语言教育活动指导. 上海：复旦大学出版社，2009.

11. 熊伟. 小班幼儿语言能力培养的个案研究. 武汉：华中师范大学，2013.

12. 刘瑶. 重庆市主城区学前儿童语言教育培训：现状、问题及对策. 重庆：重庆师范大学，2015.

13. 郑荔. “语言资源观”与学前儿童语言教育. 学前教育研究，2014（10）.

结语

语言是人类社会特有的现象，是人们进行沟通的工具。人们借助语言保存和传递人类文明发展的成果。人类语言的发展也遵循着某种规律，这种规律在幼儿语言发展中尤为明显。

幼儿语言能力是有促进和发展空间的。在幼儿园教育教学相关指导文件中，无论是《幼儿园教育指导纲要（试行）》，还是《3—6岁儿童学习与发展指南》都用大量的篇幅描述了每个年龄段幼儿语言发展的状况和目标，并提出了达到目标的可能性建议。

本书围绕“幼儿语言教育”，为学前教育专业学生掌握幼儿语言发展理论和开展“为幼儿语言获得适宜发展创造良好环境或刺激”的实践研究提供手册式指导。本书汇集了幼儿语言发展学领域的研究成果，希望能为学前教育专业学生奠定扎实基础。本书不足之处，请各位读者、老师提出宝贵意见。

2017年12月

图书在版编目（CIP）数据

幼儿语言教育与活动指导/张晓梅，高瑾，宋占美主编. —北京：中国人民大学出版社，2018.5
21 世纪学前教师教育系列教材/朱家雄总主编
ISBN 978-7-300-25118-9

Ⅰ.①幼… Ⅱ.①张…②高…③宋… Ⅲ.①学前教育-语言教学-师范学校-教材 Ⅳ.①G613.2

中国版本图书馆 CIP 数据核字（2017）第 270339 号

21 世纪学前教师教育系列教材
总主编 朱家雄
幼儿语言教育与活动指导
张晓梅 高 瑾 宋占美 主编
Youer Yuyan Jiaoyu yu Huodong Zhidao

出版发行	中国人民大学出版社		
社　　址	北京中关村大街 31 号	**邮政编码**	100080
电　　话	010－62511242（总编室）		010－62511770（质管部）
	010－82501766（邮购部）		010－62514148（门市部）
	010－62515195（发行公司）		010－62515275（盗版举报）
网　　址	http://www.crup.com.cn		
经　　销	新华书店		
印　　刷	北京溢漾印刷有限公司		
规　　格	185 mm×260 mm 16 开本	**版　　次**	2018 年 5 月第 1 版
印　　张	9.5	**印　　次**	2020 年 8 月第 2 次印刷
字　　数	215 000	**定　　价**	25.00 元

教学支持说明

（教学课件）

中国人民大学出版社教育学科秉承“出教材学术精品，育人文社科英才”的出版宗旨，多年来，出版了大批高质量的教育学、小学教育、学前教育专业教材和学术著作。

我们为本教材制作了相应的PPT教学课件，任何一位采用本书作为授课教材的教师均可免费获得该课件。为了确保该课件仅为授课教师获得，烦请您填写如下材料，并将相关信息通过E-mail发送给我们，我们将在收到相关信息后通过E-mail给您发送该课件。欢迎您加入我们的QQ群（教育新视野交流群，群号为159813080），或登录我社官方网站（www.crup.com.cn），注册并认证成为教师会员，以获得更好的服务。

我们的联系方式：

地址：（100872）北京市中关村大街甲59号文化大厦1202室
　　　中国人民大学出版社

电话：（010）82502724　62514775（传真）

E-mail：ggglcbfs@vip.163.com

QQ群：159813080

兹证明____________大学/学院___________院/系___________专业___________学年第__________学期开设的________________课程，采用中国人民大学出版社出版的______________________________________（书名、作者）作为本课程教材。授课教师为____________，授课班级共_______个、学生_______人。授课教师需要与本书配套的教学课件。

联 系 人：__________________________

通信地址：__________________________

邮　　编：__________________________

电　　话：__________________________

E-mail：____________________________

系/院主任：___________（签字）

（系/院办公室章）

_______年_____月_____日